中职生晨读与人生

主 编 彭 芸

 吉林出版集团股份有限公司 | 全国百佳图书出版单位

图书在版编目（CIP）数据

中职生晨读与人生 / 彭芸主编. --长春：吉林出版
集团股份有限公司，2021.2
　　ISBN 978-7-5581-9827-4

　　Ⅰ．①中… Ⅱ．①彭… Ⅲ．①阅读课－职业学校
－教材 Ⅳ．①G634.331

中国版本图书馆 CIP 数据核字(2021)第 034213 号

中职生晨读与人生

ZHONGZHISHENG CHENDU YU RENSHENG

作　　者：彭　芸　主编
责任编辑：何　武　杨　帆
开　　本：787mm×1092mm　1/16
字　　数：326 千字
印　　张：12.5
版　　次：2022 年 6 月第 1 版
印　　次：2022 年 6 月第 1 次印刷
出　　版：吉林出版集团股份有限公司
发　　行：吉林音像出版社有限责任公司
　　　　　吉林北方卡通漫画有限责任公司
地　　址：长春市南关区福祉大路 5788 号
邮　　编：130062
电　　话：0431-81629660
印　　刷：三河市嵩川印刷有限公司

ISBN　978-7-5581-9827-4　　　　定价：32.80 元

前　言

　　习近平总书记深刻指出"文化是一个国家、一个民族的灵魂"，对中国这样一个历史悠久、人口众多、疆土辽阔，正在进行中国特色社会主义现代化建设，正在迈向中华民族伟大复兴宏伟目标的伟大国家来说，文化自信起着重要支柱和精神基因的作用。坚持文化自信是更基础、更广泛、更深厚的自信，是更基本、更深沉、更持久的力量。坚定文化自信，是事关国运兴衰、事关文化安全、事关民族精神独立性的大问题。中职学校是文化传承的重要场所，肩负着优秀文化传承、优秀文化浸润，引领广大中职生坚定文化自信的重要使命。

　　党的十八大明确提出，不断推进社会主义核心价值观体系建设，大力培育和践行社会主义核心价值观，更好地构筑起中国精神、中国价值、中国力量，为中国特色社会主义事业提供源源不断的精神动力和道德滋养。中职学校是培养社会主义事业建设者和接班人的重要阵地，让社会主义核心价值观进课堂、进教材、进头脑，培育和践行社会主义核心价值观是新时期教育的重要使命。

　　雅言传承文明，经典浸润人生。为了让中职生充分利用好晨读，真正喜欢上晨读，在晨读的同时领会做人处世的道理，深刻理解社会主义核心价值观体系的精髓，获得精神上的洗礼并自觉践行社会主义核心价值观，为将来步入社会，成为合格的社会人、企业人奠定基础。我们结合中职生的身心特点和学习特点，编写了《中职生晨读与人生》这本教材，作为学生晨读的有益补充。全书根据中职生的年级特点及教育要求，分为上下两册，每册精选八个教育主题。上册为爱国篇、明礼篇、自信篇、勤奋篇、惜时篇、自律篇、友善篇、理想篇。下册为感恩篇、诚信篇、自立篇、自强篇、勤俭篇、合作篇、敬业篇、生命篇。每篇分为"前言导语"、"名言警句"、"诗词荟萃"、"妙文佳篇"、"读后寄语"五个板块，所选诗文通俗易懂，易于朗读，符合中职生的思维及兴趣特点，其所蕴含的深邃思想、挺拔风骨和婉约情致，更是无处不体现着作者深厚的语言文字功底，散发着无穷的语言文化魅力。同学们的朗读过程，就是一次感受中华文化魅力，浸润哲理人生的思想享受与熏陶之旅。校园的琅琅读书声，必将成为校园一道美丽无比的风景线。

　　本书在编写过程中得到林宽仁老师的指导。由于编者水平有限，书中难免有不足之处，敬请广大读者及同行批评和指正，以便编者作进一步的修改和完善。

编　者

目　录

第一篇

爱国篇

※前言导语

谈爱国

　　爱国是人世间最深层、最持久的情感，是一个人立德之源、立功之本。孙中山先生说，做人最大的事情，"就是要知道怎么样爱国"。我们常讲，做人要有气节，要有人格。气节也好，人格也好，爱国是第一位的。

　　要时时想到国家，处处想到人民，做到"利于国者爱之，害于国者恶 [wù] 之"。爱国，不能停留在口号上，而是要把自己的理想同祖国的前途、把自己的人生同民族的命运紧密联系在一起，扎根人民，奉献国家。

——2018 年 5 月 2 日，习近平在北京大学师生座谈会上的讲话

※名言警句

1. 人民不仅有权爱国，而且爱国是个义务，是一种光荣。　　　　——徐特立

2. 我们的祖国并不是人间乐园，但是每一个中国人都有责任把她建设成人间乐园。
　　　　——巴金

3. 我们爱我们的民族，这是我们自信心的泉源。　　　　——周恩来

4. 各出所学，各尽所知，使国家富强不受外侮 [wǔ]，足以自立于地球之上。
　　　　——詹 [zhān] 天佑

5. 祖国如有难，汝 [rǔ] 应作前锋。　　　　——陈毅

6. 先天下之忧而忧，后天下之乐而乐。　　　　——范仲淹

7. 天下兴亡，匹夫有责。　　　　——顾炎武

8. 一个人只要热爱自己的祖国，有一颗爱国之心，就什么事情都能解决。什么苦楚，什么冤屈都受得了。　　　　——冰心

9. 风声、雨声、读书声，声声入耳；家事、国事、天下事，事事关心。　　　　——顾宪成

我爱中国固因他是我的祖国，而尤因他是有那种可敬爱的文化的国家。　　　　——闻一多

11. 一个真正的爱国主义者，用不着等待什么特殊机会，他完全可以在自己的岗位上表现自己对祖国的热爱。　　　　——苏步青

12. 国家是大家的，爱国是每个人的本分。　　　　——陶行知

13. 为了中华民族的繁荣富强，我要献出全部学识智慧。　　　　——钱伟长 [cháng]

14. 锦城虽乐，不如回故乡；乐园虽好，非久留之地。归去来兮 [xi]。
　　　　——华 [huà] 罗庚 [gēng]

15. 我们是国家的主人，应该处处为国家着想。　　　　——雷锋

16. 我们中华民族有同自己的敌人血战到底的气概，有在自力更生的基础上光复旧物的决心，有自立于世界民族之林的能力。　　　　——毛泽东

17. 为了国家和人民的利益不怕自己吃亏的人，才是高尚的、有道德的、脱离了低级趣味的人。　　　　——刘少奇

18. 我有我的人格、良心，不是钱能买的，我的音乐，要献给祖国，献给劳动人民大众，为挽救民族危机服务。　　　　——冼 [xiǎn] 星海

19. 我是炎黄子孙，理所当然地要把学到的知识全部奉献给我亲爱的祖国。　　——李四光

20. 但凡爱国之心，人不可不有，若不知本国文字、历史，都不能生爱国心也。
　　　　——秋瑾 [jǐn]

21. 要使民族自立于世界之林，就要自己看得起自己。　　　　——吉鸿昌

22. 爱国之心，实为一国之命脉。　　　　——蔡元培

23. 热爱祖国，这是一种最纯洁、最敏锐、最高尚、最强烈、最温柔、最有情、最温存、最严酷的感情。一个真正热爱祖国的人，在各个方面都是一个真正的人。
　　　　——苏霍姆 [huò mǔ] 林斯基

24. 为了国家的利益，使自己的一生变为有用的一生，纵 [zòng] 然只能效绵薄之力，我也会热血沸腾 [fèi téng]。　　　　　　　　　　　　　　　　　　——果戈 [gē] 理

25. 惟有民魂是值得宝贵的，惟有他发扬起来，中国才有真进步。　　　　　　——鲁迅

26. 热爱自己的祖国是理所当然的事。　　　　　　　　　　　　　　　　——海涅 [niè]

27. 假如我是有一些能力的话，我就有义务把它献给祖国。　　　　　　　　——林耐

28. 人民不能没有面包而生活，人民也不能没有祖国而生活。　　　　　　　——雨果

29. 爱国主义的力量多么伟大呀！在它面前，人的爱生之念，畏苦之情，算得是什么呢！在它面前，人本身也算得是什么呢！

　　　　　　　　　　　　　　　　　　　　　　　　　　　——车尔尼雪夫斯基

30. 最大的荣誉是保卫祖国的荣誉。

　　　　　　　　　　　　　　　　　　　　　　　　　　　　　　——亚里士多德

※诗词荟萃

沁 [qìn] 园春·雪

毛泽东

北国风光，
千里冰封，
万里雪飘。
望长城内外，
惟余莽莽 [mǎng]；
大河上下，
顿失滔滔 [tāo]。
山舞银蛇，
原驰 [chí] 蜡象，
欲与天公试比高。
须晴日，
看红装素裹 [guǒ]，
分外妖娆 [yāo ráo]。

江山如此多娇，
引无数英雄竞折腰。
惜秦皇汉武，
略输文采；
唐宗宋祖，
稍逊 [xùn] 风骚 [sāo]。
一代天骄，
成吉思汗，
只识弯弓射大雕。
俱往矣，
数风流人物，
还看今朝。

过零丁洋

【南宋】文天祥

辛苦遭逢起一经，
干戈 [gē] 寥 [liáo] 落四周星。
山河破碎风飘絮 [xù]，
身世浮沉雨打萍。
惶 [huáng] 恐滩头说惶恐，
零丁洋里叹零丁。
人生自古谁无死？
留取丹心照汗青。

【赏析】

回想我早年由科举入仕历尽辛苦，如今战火消歇已熬过了四个年头。国家危在旦夕恰如狂风中的柳絮，个人又哪堪言说似骤雨里的浮萍。惶恐滩的惨败让我至今依然惶恐，零丁洋身陷元虏 [lǔ] 可叹我孤苦零丁。人生自古以来有谁能够长生不死？我要留一片爱国的丹心映照史册。

我爱这片土地

艾　青

假如我是一只鸟，
我也应该用嘶哑 [sī yǎ] 的喉咙歌唱：
这被暴风雨所打击着的土地，
这永远汹涌 [xiōng yǒng] 着我们的悲愤的河流，
这无止息地吹刮着的激怒的风，
和那来自林间的无比温柔的黎明……
——然后我死了，
连羽毛也腐烂在土地里面。

为什么我的眼里常含着泪水？
因为我对这土地爱得深沉……

祖国颂歌

岁月承载 [zài] 着历史的脚步，
大地积淀 [diàn] 了文明的精华。
走在世纪之初的我，
想到祖国，
满怀激情！
祖国——
在这里，
我为您放歌。

祖国啊，祖国——
您是千年历史的积淀 [diàn]，
文明源泉的汇合。
您是黄河壶口的飞瀑 [pù]，
铺满天山的白雪，
您凝 [níng] 重而深邃 [suì]，
宽广而博大，
滔滔 [tāo] 江河是您的鼻息，
沸腾 [fèi téng] 海洋是您的血液，
您是世界的主题，
是我生命的一切。

祖国啊，祖国——
您是天安门城楼的一声呐 [nà] 喊，
社会主义熊熊燃烧的火焰，
您是人民革命的一声号角，
乘风破浪的一张风帆，
您坚强而自信，
进步而前卫，
社会主义的宏伟蓝图活跃着您的智慧，
东方蒸腾 [zhēng téng] 的旭 [xù] 日喷薄 [bó] 着您的活力，
您是世界的创作者，
社会主义的实践家。

祖国啊，祖国——
您是南海之滨 [bīn] 的一缕 [lǚ] 春风，
罗湖小村的一抹 [mǒ] 朝 [zhāo] 阳，

您是青藏高原的一道铁轨，
塔里木油田的一组井架，
您远见卓 [zhuó] 识，
艺高胆大，
小渔村的翻天巨变证明了您的胆识，
人民满脸的微笑写的是你的伟大。
祖国——
您创造了生活，
改造着世界。

祖国啊，祖国——
您是世界和平飘扬的旗帜，
人类文明进步的使者，
您是捍 [hàn] 卫真理的勇士，
哺 [bǔ] 育子女的妈妈，
您正直而博爱，
坚强而慈祥，
世界人民叹服您的胸怀，
华夏儿女感激您的母爱，
祖国——
您抚慰 [fǔ wèi] 了战火中人类的伤痛，
送来了和平的黎明。

祖国啊，祖国——
您走过千年历史，跨越了世界文明，
您仁慈博爱，捍 [hàn] 卫着绿色与和平，
我们为是您的儿女而自豪，
我们为有这样的祖国而骄傲！

祖国——
我们与您同心，
我们拥您前进，
您的儿女们坚信，
祖国的明天更美。

我心中的祖国

我心中的祖国，
像一个巨人，
它高大雄伟，
俯瞰 [fǔ kàn] 历史的风狂雨落，
它坚实的脊 [jǐ] 背，
任凭风吹雨打，
依旧从容不迫，
顶住了亿万年的沧桑 [cāng sāng]。

我心中的祖国，
像一位母亲，
那么慈祥，
孕育着千万炎黄子孙，
不管遭遇多大的困难，
她用她的臂膀，
保护着56个中华民族，
繁衍 [yǎn] 生息。

我心中的祖国，
像一幅美丽的画卷，
地大物博，
风光秀美，
大漠收残 [cán] 阳，
明月醉荷花，
辽阔大地上多少璀璨 [cuǐ càn] 的文明还在熠熠 [yì] 闪烁。
我心中的祖国，
像一本书籍，
记录着东方神韵的精彩，
传承着人文风貌的风流，
传颂 [sòng] 着千古流传的美丽动人的传说。

这就是我的祖国，
我深爱的祖国，
我爱你源远流长灿烂的历史，
我爱你每一寸土地上的花朵，
我爱你风光旖旎 [yǐ nǐ] 壮丽的河山，

我爱你人民的性格坚韧 [rèn] 执着。

祖国啊，祖国，
我心中的祖国，
你永远充满希望
你永远朝气蓬勃！

我骄傲，我是中国人

王怀让

在无数蓝色的眼睛和红色的眼睛之中，
我有一双宝石般的黑色的眼睛，
我骄傲，我是中国人！

在无数白色的皮肤和黑色的皮肤之中，
我有着大地般黄色的皮肤，
我骄傲，我是中国人！

我是中国人，
黄土高原是我挺起的胸脯 [pú]，
黄河流水是我沸腾的血液，
长城是我扬起的手臂，
泰山是我站立的脚跟。

我是中国人，
我的祖先最早走出森林，
我的祖先最早开始耕耘 [gēng yún]，
我是指南针、印刷术的后裔 [yì]，
我是圆周率、地动仪的子孙。

在我的民族中，
不光有史册上万古不朽 [xiǔ] 的，
孔夫子、司马迁、李自成、孙中山，
还有那文学史上万古不朽的
花木兰、林黛玉、孙悟空、鲁智深。

我是中国人，
在我的国土上不光有
雷电轰不倒的长白雪山、黄山劲松，
还有那风雨不灭的井冈传统、延安精神！

我是中国人，
我那黄河一样粗犷 [guǎng] 的声音，
不光响在联合国的大厦 [shà] 里，
大声发表着中国的议论，
也想在奥林匹克的赛场上，

大声高喊着"中国得分"。
当掌声把五星红旗托上蓝天，
我骄傲，我是中国人！

我是中国人，
我那长城一样巨大的手臂，
不光把采油钻杆 [zuàn gǎn] 钻进外国人，
预言打不出石油的地心；
也把神舟飞船送上祖先们
梦里也没有到过的太空；
当五大洲倾听东方的时候，
我骄傲，我是中国人！

我是中国人，
我是莫高窟壁画的传人，
让那翩翩 [piān] 欲飞的壁画于我们同往。
我们就是飞天，
飞天是我们。
我骄傲，我是中国人！

祖国颂

乔 羽

透过历史的眼眸 [móu]，
我们站在岁月的肩膀上远眺 [tiào]，
在黄河壶口的惊涛里，
我们听到一种经久不息的激情，
在珠穆朗玛峰的雪海中，
我们凝 [níng] 视一种千年未变的真纯，
在秦兵马佣的坑 [kēng] 道里，
我们感悟一种雄浑与深沉。

啊，祖国！
你就是脚下这片土地，
曾经是金戈 [gē] 铁马狼烟四起的山河，
曾经是秦汉雄风大唐屹 [yì] 立的巨人，
曾经是八国洗劫 [jié] 岗楼林立的疮痍 [chuāng yí]，
曾经是赤地千里吃糠咽 [kāng yàn] 菜的土地，
你是百折不挠 [náo] 自强不息的热土啊！
你是生我养我的母亲！

透过历史的眼眸，
我们站在岁月的肩膀上远眺，
在南湖荡漾 [yàng] 的波光中，
我们看到一个巨人的诞生，
一把镰 [lián] 刀呼啸 [xiào] 着要割断旧世界的一切枷锁 [jiā suǒ]，
一把铁锤 [chuí] 呐喊着要砸 [zá] 出一个新中国的黎明。

看，井岗山上满山的红杜鹃 [juān] 啊！
是一个令楚辞离骚 [sāo] 惊叹的篇章。
听，南昌上空清脆的枪声，
是一种令青铜秦佣 [yǒng] 凝 [níng] 望的神韵。

长江，给予 [yǔ] 我力量，
让我长大！
黄河，给予我智慧，
让我成熟！
长城泰山，给予我伟岸的身躯，
给予我无限的力量！

让我把黑暗的世界一扫光。

在祖国母亲温暖的怀抱里，
我学会了如何面对艰苦与困难。
是祖国母亲那坚实的臂膀，
将我托起，
就像腾飞的蛟 [jiāo] 龙，
屹 [yì] 立在世界的东方。

啊，祖国！
你就是这样伟大，
你用乳汁养育的千千万万英雄的儿女，
你用汗水浇灌 [guàn] 了这富饶 [ráo] 的土地，
你用勤劳培养了我们坚定的信念，
你用呐喊宣布了旧时代的灭亡，
你是我们生命永不信息的动力，
你的儿女们远航归来的避风港。

透过历史的眼眸，
我们站在未来的彼 [bǐ] 岸回望，
在妈祖庙袅袅 [niǎo] 的香火里，
我们听到了《七子之歌》在吟唱，
在淡水湾湛 [zhàn] 蓝的海水中，
我们闻到了紫荆 [jīng] 花的芬芳，
在世纪坛巍峨 [wēi é] 的造型里，
我们感受到的新世纪的脚步正铿锵 [kēng qiāng]。

春天，正迈着矫 [jiǎo] 健的步伐向我们走来，
它让乡村披上绿的盛装，
山绿了，水也绿了，
空气中都有一丝丝的春意在飘荡。
它让城市披上了绿的盛装，
树木葱 [cōng] 翠，
遍地花香，
就连我们的歌声中，
也有许多青春的旋律在回响。

祖国的春天，
正在把唤醒酣 [hān] 睡的号角吹响。

祖国的春天，
让乡村披绿，让城市喧闹。

祖国的春天啊，
你正敞开胸襟 [jīn]，
接纳着儿女们骚 [sāo] 动的青春和坚定的信念。

这是一个承前启后的时代，
新的机遇，新的挑战。
这是一个日新月异的时代，
知识创新，与时俱进。
这是一个继往开来的时代，
我们肩负沉甸甸 [diàn] 的嘱 [zhǔ] 托。
我们憧憬 [chōng jǐng] 美好的未来。

祖国在花海中前行，
我们吹起号角敲响锣鼓。
祖国在春风中前行，
我们把祝福写有脸上，
把期盼写在心里。

祖国在新世纪的大道上前行，
我们用歌声串成一颗颗星星，
穿过时空的隧 [suì] 道，
将它挂在天空。
愿您每时每刻都能听到儿女们的心声。

祖国啊，
我们伟大的母亲！
您向新世纪走来，
又大踏步地走向属于您的明天。
祝福您啊，祖国！
您的人民祝福您！

我爱你 中国

我爱你中国

爱你五千年的辉煌

也爱你百年的沧桑 [cāng sāng]

爱你古代史书的荡气回肠

也爱你现在文学的百花齐放

我爱你中国

爱你北国千里雪飘的风光

也爱你南城的绿意盎盎 [àng]

爱你西疆的黄土茫茫

也爱你奔流到海的气势滂沱 [pāng tuó]

我爱你中国

爱你的长城长

也爱你的黄河淌 [tǎng]

爱你泰山的雄壮

也爱你长江的奔放

我爱你中国

爱你珠穆朗玛的脊 [jǐ]

梁也爱你阿里山的臂膀 [bǎng]

爱你青海湖的宽广

也爱你日月潭 [tán] 的花香

我爱你中国

爱你的不屈不折奋勇向上

也爱你的爱憎 [zēng] 分明敢作敢当

爱你的勤劳朴实

也爱你的高大时尚

我爱你中国

爱你的过去现在

更爱你的未来

我爱你中国

用我的生命去照亮用我的血来护航

※妙文佳篇

海 燕

高尔基

在苍茫的大海上，狂风卷集着乌云。在乌云和大海之间，海燕像黑色的闪电，在高傲的飞翔。

一会儿翅膀碰着波浪，一会儿箭一般地直冲向乌云，它叫喊着，——就在这鸟儿勇敢的叫喊声里，乌云听出了欢乐。

在这叫喊声里——充满着对暴风雨的渴望！在这叫喊声里，乌云听出了愤怒的力量、热情的火焰和胜利的信心。

海鸥在暴风雨来临之前呻吟着，——呻吟 [shēn yín] 着，它们在大海上飞窜，想把自己对暴风雨的恐惧，掩藏到大海深处。

海鸭也在呻吟着，——它们这些海鸭啊，享受不了生活的战斗的欢乐：轰隆隆的雷声就把它们吓坏了。

蠢笨的企鹅，胆怯 [qiè] 地把肥胖的身体躲藏到悬崖底下……只有那高傲的海燕，勇敢地，自由自在的，在泛 [fàn] 起白沫 [mò] 的大海上飞翔！

乌云越来越暗，越来越低，向海面直压下来，而波浪一边歌唱，一边冲向高空，去迎接那雷声。

雷声轰响。波浪在愤怒的飞沫 [mò] 中呼叫，跟狂风争鸣。看吧，狂风紧紧抱起一层层巨浪，恶狠狠地把它们甩到悬崖上，把这些大块的翡翠 [fěi cuì] 摔成尘雾和碎末。

海燕叫喊着，飞翔着，像黑色的闪电，箭一般地穿过乌云，翅膀掠起波浪的飞沫。

看吧，它飞舞着，像个精灵，——高傲的、黑色的暴风雨的精灵，——它在大笑，它又在号叫……它笑些乌云，它因为欢乐而号叫！

这个敏感的精灵，——它从雷声的震怒里，早就听出了困乏，它深信，乌云遮不住太阳，——是的，遮不住的！

狂风吼叫……雷声轰响……

一堆堆乌云，像青色的火焰，在无底在大海上燃烧。大海抓住闪电的箭光，把它们熄灭在自己的深渊里。这些闪电的影子，活像一条条火蛇，在大海里蜿蜒 [wān yán] 游动，一晃

[huàng] 就消失了。

——暴风雨！暴风雨就要来啦！

这是勇敢的海燕，在怒吼的大海上，在闪电中间，高傲的飞翔；这是胜利的预言家在叫喊：

——让暴风雨来得更猛烈些吧！

【赏析】

作者通过对海燕在暴风雨来临之际勇敢欢乐的形象的描写，深刻反映了1905年俄国革命前夕急剧发展的革命形势。热情歌颂了俄国无产阶级革命先驱坚强无畏的战斗精神，预言沙皇的黑暗统治必将崩溃，预示无产阶级革命即将到来并必将取得胜利的前景。并且号召广大劳动人民积极行动起来，迎接伟大的革命斗争。

我爱我的祖国

我爱我的祖国，我爱它的一年四季。

春天绿意盎 [àng] 然，它用水彩描绘了如梦似幻的江南景色；夏日莲碧接天，它用油彩刻画了浓妆素裹 [guǒ] 的西湖风情；秋天月印三潭 [tán]，它用水粉描摹 [mó] 了佳节团圆的温馨月夜；冬日雪影横梅，它用国画描述出白雪皑皑 [ái] 的北国风光。

我爱我的祖国，我爱它的大好河山。

它拥有九百六十万平方公里的广阔疆土，金碧辉煌的北京故宫，无与伦比的苏州园林，滔滔 [tāo] 不绝的长江黄河，气势巍峨 [wēi é] 的五岳，风景如画的西湖，还有那世界第八大奇迹秦始皇兵马俑以及绵延起伏的万里长城……

我爱我的祖国，我爱它的古老文明。

指南针、火药、印刷术、四大发明永载 [zǎi] 史册。儒家、道家、法家、墨家、诸子百家孔孟先哲。

我爱我的祖国，我同样爱它的屈辱历史。

鸦片战争列强分割，晚清腐败丧权辱国。南京条约马关条约，辛丑条约……一个个不平等条约让我们痛心疾首，还有那惨绝人寰 [huán] 的南京大屠杀，让我们，刻骨铭心……

我爱我的祖国，我爱它的勇于斗争。

从辛亥革命奋起倒戈 [gē]，推翻帝制建立明国，到八年抗战打败日倭 [wō]，三大战役锁定胜果，我的祖国，犹如凤凰涅槃 [niè pán] 般浴火重生！

黄河、长江、长城，铸 [zhù] 就了恒 [héng] 古的山河。

改革、开放、发展，点亮了世界的眼光。

中国，一个拥有上下五千年悠久历史的热血国家；中国，一个浓缩千年沧桑 [cāng sāng] 的文明古国，它像一颗璀璨 [cuǐ càn] 的东方明珠，向全世界展现出自己的恒 [héng] 久光芒！

作为祖国母亲的儿女，我们要牢记祖国曾经蒙受过的屈辱，不忘祖国的光辉历史，了解祖国的壮丽山河发扬祖国的灿烂文化。我们要把自己的忠心、青春、激情都献给祖国，哪怕我们只是一棵小草，也要联合起所有的同伴，毫不吝 [lìn] 惜地向祖国奉献出自己的一星浅绿！

我爱我的祖国，简单的六个字，却代表了无数中华儿女坚定的信念和对祖国的爱。

我相信，我们会用自己的努力、奋斗、拼搏、去实践这六个字的承诺——我，我爱我的祖国！

祖国，在我心中

　　泱泱 [yāng] 大中华，悠悠五千年。伟大的中华民族这一东方快车载 [zài] 着来自秦关汉月、唐疆元界震天的战鼓声；载着来自长江边"高峡出平湖"的澎湃 [péng pài] 诗篇；载着十四亿人民的喜悦和中华民族的憧憬 [chōng jǐng]；载 [zài] 着改革开放的旗帜与时俱进的召唤正以惊人的速度飞奔向前。

　　爱恋自己生于斯，长于斯的中华故人，是炎黄子孙世世代代的共同感情，这种感情赋予 [fù yǔ] 我们民族巨大的精神力量，无穷的创造力和酷爱自由、坚韧 [rèn] 勇敢的个性，使我们的民族历经磨难而不衰。心怀祖国，把它的博大，它的深沉，它的精髓 [suǐ] 化作一股温暖的潜流浸入。为什么我的眼里常含泪水？为什么我的心中如浪潮激荡着它的声音？因为我对伟大的祖国爱的深沉。

　　曾几何时，我们的祖国饱经沧桑 [cāng sāng]，历经磨难，她曾是帝国主义倾销鸦片的场所，她曾是军阀 [fá] 混战的战场，她曾是帝国主义瓜分世界的赌场，她曾是野心家们争权夺势的赛场。我们的母亲曾被搞得遍体鳞 [lín] 伤，千疮 [chuāng] 百孔。山河在呜咽 [wū yè]，松涛在哀泣 [qì]，每一寸土地都被烙 [lào] 上深刻的血痕，每一张容颜都布满了惊恐的阴霾 [mái]。乌云笼罩下的中国在艰难的行进。

　　一声声呐喊，一股股豪情，一片片赤胆忠心，一首首慷慨 [kāng kǎi] 悲歌。祖国啊，您凝 [níng] 结着多少代人的痛苦、辛酸、血泪、希望、信念、奋斗，为挽救我沉沦 [lún] 中的中华民族，多少仁人志士求索奋斗折戟 [jǐ] 沉沙，多少英雄豪杰浴血疆场马革尸还。是十月革命和南湖红船带来了胜利的曙 [shǔ] 光；是镰 [lián] 刀斧头和井岗山红旗唤醒了民众；是枪杆子里出政权的铿锵 [kēng qiāng] 誓言，点燃了中国革命的星星之火；是"论持久战"的伟大战略，埋葬了侵略者的嚣 [xiāo] 张气焰；是百万雄狮过大江，摧毁了蒋家王朝。天安门城楼的一声气壮山河，中国人民从此挺直脊 [jǐ] 梁站了起来。中华民族犹如一颗璀璨 [cuǐ càn] 的明珠发出夺目的光芒。

回顾过去，我们雄心激扬；展望未来，我们豪情满怀。盛世年华，喜浪千叠，回首改革开放以来，伟大的祖国发生了巨大的变化，沧桑 [cāng sāng] 的岁月已留痕，繁荣的盛世正俱兴。胸怀祖国，放眼世界，我们的祖国是何等的繁荣昌盛。我的眼里总被抑制不住的泪水充盈，在心里默默祝福着：祖国万岁！

祖国，我亲爱的祖国，我的跨越的脚步，是你的胸膛内跳动的脉搏；祖国，我亲爱的祖国，我的满腔热情，是你的身体里流动的血液；我愿做天上的一片云，在你的广阔的土地上空自由地翱 [áo] 翔、欢快地飞越，从北方漠河的苍茫雪原，到南国群岛无垠 [yín] 碧波，从乌苏里江上最先升起的红日，到帕 [pà] 米尔高原满天闪烁的星座；祖国，我亲爱的祖国，我走遍你的每一个角落；我在珠穆朗玛峰上停栖 [qì]，看雪上高耸入云的气魄，那中间孕育着三江五河源源不断的水波；我在黄河上飘动，听河水奔腾入海欢歌，它滋润着华夏民族亘 [gèn] 古不变的魂魄 [hún pò]；祖国，我亲爱的祖国，我爱你千载沉淀 [diàn] 积成的文化，我爱你万年魅 [mèi] 力四射的山河，我爱你的博大精深，我爱你的伟岸壮阔，祖国，我亲爱的祖国，你是我心中——永远的寄托！祖国，您在我心中！

※读后寄语

　　爱国是我们中华民族的优良传统之一，是从小就融入我们中国人骨髓的精神品质，是身为中国儿女的本分，我们每个人都会为自己是龙的传人而骄傲和自豪。但是，爱国不是口号，不是装潢 [huáng]，爱国要通过一件件小事，有时是微不足道的小事而体现出来。作为中职生我们应该从点点滴滴的事情做起，培养自己的爱国情怀。比如，支持党和国家的政策，铭 [míng] 记中国历史、缅 [miǎn] 怀革命先烈，传承中国优秀传统文化，努力学习技能本领将来成为祖国有用人才等。

第二篇

明礼篇

谈明礼

明礼，顾名思义，文明礼貌。荀 [xún] 子说"人无礼不立，事无礼不成，国无礼不宁"，礼不仅是立身之本，而且是立事和立国之本，只有明礼国家才能昌盛，礼是道德规范的重要组成成分。

文明礼貌不仅给他人，给社会带来愉快和谐，也能创造充满爱心的环境，给自己带来快乐，带来温馨，它无处不在，对我们日常生活起着重要的作用。

※名言警句

1. 人无礼则不生，事无礼则不成，国无礼则不守。　　　　　——孔子
2. 无礼是无知的私生子。　　　　　　　　　　　　　　——巴特勒 [lè]
3. 礼貌经常可以替代最高贵的情感。　　　　　　　　　　——梅里美
4. 礼貌是儿童与青年所应该特别小心地养成习惯的第一件大事。
　　　　　　　　　　　　　　　　　　　　　　　——洛 [luò] 克
5. 礼貌使有礼貌的人喜悦，也使那些受人以礼貌相待的人们喜悦。
　　　　　　　　　　　　　　　　　　　　　　　　　——孟德斯
6. 生活里最重要的是有礼貌，它比最高的智慧，比一切学识都重要。

　　　　　　　　　　　　　　　　——赫尔岑 [hè ěr cén]
7. 有礼貌不一定显得有智慧，无礼貌却常常显得很愚蠢。　——兰道尔
8. 礼貌比法律更强有力。　　　　　　　　　　　　　——卡莱 [lái] 尔
9. 一个人的礼貌是一面照出它的肖像的镜子。　　　　　　　——歌德
10. 礼貌周全不花钱，却比什么都值钱。　　　　　　　　——塞万提斯
11. 礼貌像只气垫，里面什么也没有，却能奇妙地减少颠簸 [diān bǒ]。

　　　　　　　　　　　　　　　　　　——约翰 [hàn] 逊
12. 国尚礼则国昌，家尚礼则家大，身有礼则身修，心有礼则心泰。——颜元
13. 礼貌是有教养的人的第二个太阳。　　　　　　——赫 [hè] 拉克利特
14. 礼貌之风为每一个人带来文明、温暖和愉快。　　　——诺·文·皮尔
15. 礼仪是微妙的东西，它既是人们交际所不可或缺的，又是不可过于计较的。

　　　　　　　　　　　　　　　　　　　　　——卢梭 [suō]
16. 世界上最廉价，而且能得到最大收益的一项物质，就是礼节。——拿破仑·希尔
17. 人有礼则安，无礼则危。　　　　　　　　　　　　　　——礼记
18. 在人与人的交往中，礼仪越周到越保险。　　　　　　　——卡莱尔
19. 礼者，人道之极也。　　　　　　　　　　　　　　——荀 [xún] 子
20. 谦恭 [qiān gōng] 有礼，人人欢迎。　　　　　　　　　——托马斯
21. 生命是短促的，然而尽管如此，人们还是有时间讲究礼仪。——爱默生
22. 有一种内在的礼貌，它是同爱联系在一起的：它会在行为的外表上产生出最令人愉快的礼貌。
　　　　　　　　　　　　　　　　　　　　　　　　　——歌德
23. 文明就是要造就有修养的人。　　　　　　　　　　　——罗斯金
24. 所谓礼貌待人，即用你喜欢别人对待你的方式对待别人。——切斯特菲尔德
25. 礼貌是后天造就的好脾气，它弥补了天性之不足，最后演变成一种近似美德的习惯。

　　　　　　　　　　　　　　　　　　　　——杰斐 [fěi] 逊
26. 讲话气势汹汹 [xiōng]，未必就是言之有理。　　　——萨 [sà] 迪
27. 凡人之所以贵于禽兽者，以有礼也。　　　　——《晏 [yàn] 子春秋》
28. 礼貌使人类共处的金钥匙。　　　　　　　　　　　——松苏内吉
29. 礼貌是最容易做到的事，也是最珍贵的东西。　　　　　——俗语

30. 美德是精神上的一种宝藏，但是使它生出光彩的则是良好的礼仪。　　　　——俗语
31. 自尊自爱，作为一种力求完善的动力，却是一切伟大事业的渊源。

——屠格涅 [niè] 夫

32. 尊重别人，才能让人尊敬。　　　　——笛卡尔
33. 对人不尊敬，首先就是对自己的不尊敬。　　　　——惠特曼
34. 帮助人，但给予 [yǔ] 对方最高的尊重。这是助人的艺术，也是仁爱的情操。

——刘墉 [yōng]

※诗词荟萃

贤者之孝二百四十首·张霸

【宋】林同

幼也知孝让，
居然合礼仪。
休疑汝尚小，
须信我饶 [ráo] 为。

【赏析】

幼小的孩子也知道孝顺礼让，谈到礼仪滔滔 [tāo] 不绝。别怀疑他年龄很小，应该相信他很有教养。知礼明礼，是为教养。

绝　句

【宋】吕希哲

礼仪三百复三千，
酬酢 [chóu zuò] 天机理必然。
寒即加衣饥即食，
孰为末节孰为先。

【赏析】

　　学习文明礼仪的人从几百人变成了几千人，这是顺应上天的安排啊。寒冷了就加衣服，饥饿了就吃饭，孰轻孰重大家自有判断。诗人看重礼仪，犹如吃饭穿衣一般重要。

文明赞歌

轻轻的一声你好，
浅浅的一丝微笑，
像一缕 [lǚ] 春风，
拂 [fú] 绿了树梢 [shāo]，
文明的世界，
需由你我共同创造。

中国人的握手，
外国人的拥抱，
这不是寒暄 [xuān]，
也不是客套，
而是在告诉你，
有你真好！

不要讥讽 [jī fěng]，
不要争吵，
作用力和反作用力的道理，
谁都明了，
恶语相加换来的只能是，
以怨相报。

多一份关爱，
就会多一份感动，
多一些理解，
就会少一些烦恼，
温情的话语，
总能溶 [róng] 掉心底的料峭 [qiào]，
一个眼神，
胜似千言万语，
一手相扶，
涌 [yǒng] 起爱的波涛。

文明的发展，
需要我们一起助跑。
有了语言，
我们可以诠 [quán] 释文明，

而真正的文明，
不是挂在嘴边的口号，
让我们一同为文明赞歌，
文明让世界更加美好。

文明与我同行

有一种美，
令人惊艳，令人回味，令人追求，
这是一种可以吸引目光的美，
它——光彩夺目。

有一种美，
从孔孟所处的春秋到二十一世纪的今天，
从欧罗巴到亚细亚，
它无处不在、历久弥 [mí] 新。

有一种美，
给生命带来激情，
给他人带来温馨，
给世界带来震撼 [hàn]，
这种美，就是文明之美！

文明是彼此沟通的桥梁，
是社会进步的标志；
文明是成功之花的蕊 [ruǐ]，
是理想之舟的帆 [fān]；

文明是一枝花，
散发出迷人的芳香；
文明是一颗星，
折射出闪耀的光芒；

文明是一捧 [pěng] 土，
养育出美丽的生命；
文明是一枝笔，
谱写出绚 [xuàn] 丽的诗篇；

文明是一只音符，
奏出唯美的乐章；
文明是一架引擎 [qíng]，
推动着历史的进程；

文明是一把火，

点燃社会公德的灯；
文明是一盏 [zhǎn] 灯，
照亮时代发展的路；

文明是一条路，
指引我们走向成功；
文明是快乐的源泉，
是腾飞的翅膀。

文明是与人和谐相处时的和蔼 [ǎi] 亲切；
文明是灾难面前的大爱无私；
文明是一种品质，更是一种修养。
文明使人虚怀若谷、谦逊 [qiān xùn] 自牧 [mù]，
文明是一个人走向成功的关键。

听，文明在呼唤：
与文明同行，
做现代公民，
从我做起，从现在做起，
做一个文明有教养的人。
与文明同行，
在每一天、每一时、每一刻的文明旅程中，
有你有我也有他。

与文明同行，
行在同一片蓝天下，
活在同一片乐土上，
笑在同一缕阳光里。

与文明同行，
让我们积极树立、倡导、弘扬社会主义荣辱观，
努力构建社会主义和谐文明社会！
为祖国增添一份新世纪的美丽，
让文明永远与我同行吧！

礼仪之歌

礼仪是歌，
一首焕发向上的歌；
礼仪是诗，
一首没有结尾的诗；
礼仪是泉，
一股清澈 [chè] 透亮的泉。

遵守礼仪，
是你生活中的亮点；
学会礼仪，
说明你正走向成熟。

如果礼仪已经在你心中成长，
那么用真诚去浇灌 [guàn]，
用热情去哺 [bǔ] 育，
用理解去培养！

礼仪是什么

礼仪是恭谦 [gōng qiān]，行为要规范；
礼仪是束缚 [fù]，日久成习惯；
礼仪是形式，互敬成自然；
礼仪是约定，照做成经典；

礼仪是程序，活动有规律；
礼仪是律己，时时被激励；
礼仪是约定，照做成经典；
礼仪是程序，活动有规律；
礼仪是律己，时时被激励。

做文明的使者

文明是一朵花，
一朵永久芳香的花。
我们用真诚去浇灌 [guàn]，
用热情来哺 [bǔ] 育，
让礼仪之诗永久珍藏在彼此的心里。

礼仪是一首诗，
一首淡雅清晰的诗。
我们用理解去融化，
用关爱来抚慰 [fǔ wèi]，
让礼仪之诗永久珍藏在彼此的心里。

我们是跨世纪的少年，
我们要做新时代文明的代言。

雨露下，
我们播撒 [sǎ] 文明的种子；
阳光里，
我们装扮心中的春天。

带给别人一个微笑，
别人给你快乐无限。
带给别人一个温暖，
别人给你灿烂心情。
带给别人一片真诚，
别人给你深深思念。
送给别人一份谦 [qiān] 让，
别人给你敬重万千。

让我们把春雷藏进队鼓，
敲响时代的鼓点。
告诉祖国，
告诉社会，
文明礼仪伴我长大。

让我们插上文明的翅膀，
飞向蓝天，

飞向未来，
告诉太阳，
告诉月亮，
我们是新世纪即将展翅的雄鹰。

做文明的使者，
让我们用微笑铺设文明路；
做礼仪的少年，
让我们用真心搭建礼仪桥。

风光美，人更美，
今日我以文明为荣，
明日以我文明为骄傲。
齐行文明礼，
共筑中国梦！
少年智，则中国智；
少年强，则中国强。
我的梦，是中国梦；
中国梦，是我们的梦。

文明礼仪伴我行，
中华美德放光芒。
文明礼仪伴我行，
到处盛开文明花！

文明礼仪之美

有一种美，
令人惊艳，
令人回味，
令人追求，
这是一种可以吸引目光的美，
它——光彩夺目。

有一种美，
飘逸在浮之上，
深埋在古垒 [lěi] 之下，
这是一种可以吸引灵魂的美，
它——深藏不露。

这是就文明礼仪之美。
中华民族素有文明礼仪之邦的美称，
她拥有五千年悠久的历史，
五千年的历史沉淀 [diàn]，
造就了不朽 [xiǔ] 的中华文明。

文明礼仪，
是一个国家、一个民族进步程度，
是社会风尚和道德水准的重要标志，

文明礼仪，
是一个人思想觉悟、文化修养、精神风貌的外在体现，
我们是文明礼仪的传播者。

雨露下，
我们撒播文明的种子，
当文明的使者，
用自信的微笑，
端庄的举止，
文雅的谈吐和高尚的人格，
展示我们青年的良好形象。

阳光下，
我们是新时代文明礼仪的代言人。

一声亲切的问好，
一个美丽的微笑，
文明礼貌的举动，
高尚精神的行为，
展现了我们青年的崭 [zhǎn] 新风貌。

顺手捡起的是一片纸，
纯洁的是自己的精神。
有意擦去的是一块污渍 [zì]，
净化的是自己的灵魂。

手边留情花似锦，
脚下留情草如茵 [yīn]。
文明礼仪的芬芳，
弥漫 [mí màn] 在每一个角落，
而这芳香来源于你，
来源于我，
来源于我们每一个成员。
我们将挑起传承礼仪的使命，
无负于未来。
为着同一个愿望，
迎着和煦 [xù] 的春风，
共同为校园增添一道亮丽的色彩。

我们昂首阔步，
去追赶文明的春潮。
我们解放思想，
去沐浴 [mù yù] 礼仪的阳光。

文明礼貌，从我做起

讲文明，懂礼貌，从我做起最重要；
尊老师，敬家长，同学之间要友好；
不打架，不骂人，有了争执不要吵；
遵纪律，守秩序，各项守则要记牢；

爱树木，护花草，时时刻刻重环保；
要爱幼，要尊老，残弱病孕须帮忙；
有外宾，有客人，见到客人要问好；
要出行，乘公交，礼貌让座要做到；

讲卫生，保健康，早早起床早睡觉；
勤洗手，勤换衣，预防疾病身体好；
五千年，文明史，细细品味细细嚼 [jiáo]；
好传统，要继承，发扬光大好少年！

学会尊重

尊重是一种修养，
一种品格，
一种对人不卑不亢 [kàng]，
不俯不仰的平等对待，
对他人人格与价值的充分肯定。

即使你再有才智和能力，
如果不懂得尊重别人，
不把别人放在眼里，
只会让别人远离你。

任何人不可能尽善尽美，
完美无缺，
我们没有理由，
以高山仰止的目光去审视别人，
也没有资格，
用不屑一顾的神情去嘲笑他人。

尊重从来都是相互的，
即使别人先尊重你，
那也只是别人的品格，
并不代表你可以不用尊重别人。

想要别人怎么对待你，
你就应该怎么对待别人。
给予 [yǔ] 别人尊重，
别人才会给你尊重。

尊重他人，
其实并不难，
有时一个友好的眼神，
一个善意的笑容，
一句真诚的祝愿，
都会在他人心中产生美好的印象，
改变他人对你的看法，
让你收获意想不到的喜悦。

爱人者，人恒 [héng] 爱之；
敬人者，人恒敬之；
当你懂得尊重，
你便赢来尊敬。
当你懂得自重，
你便赢来尊严。

学会尊重身边的每一个人，
尊重他人，
其实就是善待自己。

※妙文佳篇

谈礼仪

　　礼仪是人类文明进步的重要标志，是适应时代发展，促进个人进步和成功的重要途径，礼仪也是中华民族重要传统美德之一。随着改革开放的深入和中国经济的发展，与国际接轨的步伐越来越快，我们更应该并且需要有修养，成为社会所需要的高素质人才，这就体现在与人交往的言谈举止中。

　　高素质的人就是有道德，有品质，有文化，有很好的工作能力的人——那就是"德才兼备"。新时期的职业市场更欢迎德才兼备的学生。培养高素质——培养德才兼备的学生，这才"符合"市场经济的运行规则。现代对"素质"的解释甚广，说说礼仪的重要性吧。

　　第一，它有助于个人素质的提升。内强素质外塑 [sù] 形象，如果我们时时处处都能以礼待人，那么就会使我们显得很有修养。古人有这样的话：穷则独善其身，达则兼济天下。"修身齐家治国平天下。"把修身放在首位。教养体现细节，细节展示形象。礼仪正是塑造人的形象，培养人的素质。

　　第二，它有利于人际交往。一个举止大方，着装得体肯定会比举止粗俗、衣着不整的人更受人欢迎，与人更加容易交往。每个人都想与一个显得比较正直高贵的人交往，当然这种高贵也是素质的体现。

　　第三，也是最重要的一点，它有助于培养人的自信。素质是慢慢培养的，自信是慢慢锻炼的。而礼仪正能够慢慢树立人的自信。自信不能停留在想象上。要成为自信者，就要像自信者一样去行动。这种行动便是与人交往的礼仪。我们在生活中自信地讲了话，自信地做了事，我们的自信就能真正确立起来。面对社会环境，我们每一个自信的表情、自信的手势、自信的言语都能真正在心理中培养起我们的自信。

文明礼仪之花处处盛开

文明礼仪是什么？文明礼仪是路上相遇时的微笑；是同学有困难时的热情帮助；是平时与人相处时的亲切友善；是见到老师时热情的问候；是不小心撞到对方时的一声对不起；是自觉将垃圾倒入垃圾箱的举动；是看到有人随地吐痰时的主动制止；是公共场所不大声喧哗[xuān huá]；是不践踏[jiàn tà]草地等等。文明礼仪是一种品质，是一种修养。

文明礼仪是人类进步的标志，是人类历史长河中的一盏[zhǎn]明灯，是我们学习和生活的根基，是我们健康成长的臂膀。没有了文明，我们就失去了做人的根本，我们的生活也就失去了光彩！

文明礼仪包括礼貌、礼节、仪表、仪式。不但表现在对人的尊重，还表现在对社会秩序、文化秩序的尊重。文明礼仪既是人们外在言谈举止的表现，也反映了人们内在的气质。在日常生活中，文明礼仪随处可见。中国有五千年历史文化，素为礼仪之邦，我们的祖先也以文明著称于世，在世界文明的长河里，我们是现代文明的使者。

文明礼仪要从我做起，从现在做起，从身边的每一件小事做起，从身边的每一个动作做起。说文明话，行文明事，做文明人。我们的一言一行，一举一动都要以文明的行为来规范，自己管理自己，自己教育自己，自己约束自己，文明礼貌，诚实守信，学会关心，学会合作，让文明礼仪之花处处盛开。

有一种礼貌叫尊重

　　生活中，有一种礼貌叫尊重。每个人都有自己的爱好，每个人都有自己的习惯，没有谁会强迫你来改变，但什么时候，任何东西都是需要节制的。我是喜欢一个人住的人，但我上寄宿制学校比较早，所以这么多年也就习惯了。但我的习惯不是我很适应，而是在相互的交往中，我一直秉承 [bǐng chéng] 着"尊重"的理念，所以在很长的一段时间中我生活的很开心。

　　生活中的人都是有性格的人，不同的性格造就了不同的脾气，不同的脾气造就了不同的习惯。在我们的性格中每个人都有自己的底线，不超过这个底线我相信每个人都是不会轻易发火的。但总有那么一些人一而再的触犯别人的底线，招致矛盾。于是双方开始你推我搡 [sǎng] 或者唇枪舌剑，很少有人静下心来反思一下，为何造成这种这种局面。

　　我们一直在倡导要做文明人，可是我们却没有理解文明的真正含义。其实说到底为什么会有文明的相关法律条文出现，就是因为我们这么多的人连自己的本身行为都不能约束，所以才会用法律的条文来约束我们。要知道约束的不是别人，正是我们自己，如果我们每个人都能做好自己的本职，那么我们还需要一写法律条文的存在吗？所以尊重是一种方式，就看你如何去采纳，你可以放置一旁，你也可以置之不理，但要明白这种前提是你能够做好自己。

　　做好自己不是让你生活在自己的世界之中为所欲为，我们共同生活在一块土地，共同呼吸着一种空气，所以这个世界没有谁是孤立的，我们的生活方式有时候真的不能只考虑到自己，尊重别人就是为自己负责，一个人最重要的就是责任。

　　尊重是一种双方。不管是在自己的世界还是相处的世界我们都应该做好自己。在我们做好自己的同时就已经给了别人最好的理解。我很喜欢萧伯纳先哲，他的言行总是给我们一种启发，生活是需要哲理的，即使在普通他也有他的生存之道，就想昼 [zhòu] 夜的轮回，没有他们我们的生命如何得到缓解，我们的永恒将如何延续。所以黑夜一直很尊重白昼，在白昼来临的时刻他总是悄无声息的离开，因为他知道当自己到来之时，白昼总是那么守时。我们现在会普遍认为，尊重就是客套，客套就是陌生，但我想是错了，尊重永远是不会过时的，他的建立真的是彼此的，即使陌生，尊重依然是最好的理解。

　　有人会问，尊重会不会很累？我笑了，怎么会，尊重其实就是一种习惯，就是你在生活中不经意间的一个举动，一个眼神，一句话，不要小瞧这些东西，你要明白这些东西的培养不是简单相生，而是与人的心境密切相关。就像十几岁的小孩做出来不雅，人们会以为这是搞笑，但二十岁的人作出，人们会是鄙 [bǐ] 视和指点，三十以上人们会认为这种人轻浮，所以我说尊重就是一种习惯，为何不从一开始就让他跟着我们潜行呢？生活在于积累，习惯在于养成，如果你现在还不会尊重，那没有关系从现在开始你也就可以培养。

漫谈礼貌

王龙生

礼貌是我们在待人接物中言语动作谦虚恭敬 [qiān xū gōng jìng] 的表现，也是一个人文明素质的自然流露。礼貌待人是中华民族的优良传统，是每一个人从小就必须养成的生活习惯，也是人生最起码的道德水准，万万不可掉以轻心。

我国自古以来是礼仪之邦，讲究礼尚往来，礼貌待人。古代推行的道德准则，礼义廉耻 [lián chǐ]，就是崇礼、行义、廉洁、知耻，将崇礼放在首位。孔子曰"非礼勿视，非礼勿听，非礼勿言，非礼勿动。"可见古人对礼仪的崇尚。

礼仪是人与人之间交往所不可或缺的，却又是不必过于斤斤计较的。如果把礼仪看得太重，人与人之间就很有可能失去真诚和信任。

人际交往要善于掌握一定分寸，既坦诚直爽又不失礼仪。对上级领导、名人能人，既要尊重，又不必低三下四，过于恭维 [gōng wéi]，更不能阿谀奉承 [ē yú fèng chéng]、溜须拍马。在同事和下属面前，要谦虚谨慎，以礼相待，亲密无间，恭恭敬敬，只有这样，才会倍受尊敬。如果事事都要高人一头，趾 [zhǐ] 高气扬，目中无人，指手画脚，自作聪明，只会惹人讨厌。

无论在家里、单位里，还是在公共场所，凡是言语举止彬彬有礼的人处处受人敬重。反之，举止粗鲁，满口脏话，不拘礼仪，不懂礼貌，不自重的人肯定遭人鄙 [bǐ] 弃。

下班回到家里见到父母，亲切地叫一声"爸、妈"，离家出门前向父母告别："爸、妈，我走了"。

家里来了客人，主人端茶倒水，热情招待，陪伴聊天，临别时亲自送出家门。出门作客，尊重主人家的风俗习惯，客随主便，不随便乱翻人家东西。

请人到家里修理家电，打扫卫生，进门后倒杯开水，临走时说声"谢谢"。餐桌上吃饭时咳嗽、打喷嚏 [tì]，转过脸去，不直面别人和饭菜。

开会讨论、和人聊天时用心倾听，不随便打断别人讲话。

亲友之间互相走动，礼尚往来，你敬我一尺，我还你一丈。

学生进校门见到老师敬个礼，鞠个躬，叫一声"老师好"。

路上偶遇熟人，主动打声招呼，上前握手问好。

乘公共汽车、地铁，依次排队，不插队，不拥挤，不吸烟，不大声说话。

年轻人主动给老人、小孩让座，老人、小孩对让座者说声"谢谢"。

在街上不小心碰撞到人家身上，或踩到人家脚上，诚心诚意地说声"对不起，请原谅"，人家会客气地说"没关系"。

去电影院、剧院迟到了，悄无声息地弯着腰找座位坐下，尽量不影响别人。

凡此种种，都是讲文明、懂礼貌的表现，有利于人与人之间团结友爱，和睦相处，值得在全社会大力提倡。

令人遗憾的是，当今社会，种种不文明、不礼貌的现象随处可见。

本来一声称呼，一句问候，就能促进家人、亲友、同事、邻里和睦相处，却偏偏不叫不说，冷若冰霜，视同路人，导致家人不和，亲友不满，同事疏远，邻里隔阂 [hé]。

本来一句"对不起，请原谅"，就可以息事宁人，却偏偏不肯开口，不愿赔礼道歉，非要强词夺理，逞 [chěng] 能霸道，为一些鸡毛蒜皮的小事争吵不休，互相漫 [màn] 骂，甚至大打出手，伤人致残。这实在是太不值得了。

※读后寄语

　　有人说："如果你失去了今天，你不算失败，因为明天会再来；如果你失去了金钱，你不算失败，因为人生的价值不在钱袋；如果你失去了文明道德，你是彻彻底底的失败，因为你已经失去了做人的真谛。"

　　当今社会，企业越来越需要招聘有能力能做事、同时懂礼貌明礼仪、认真负责的员工，作为中职生除了学习好专业技能以外，更应当学会正确的人际交往方式、良好的待人接物的方法，成为一个文明人、懂礼人，得到周围师生的认同，建立良好的人际关系，增强个人交往自信心，将来给企业留下良好的印象，得到企业重用。

第三篇

自信篇

谈自信

　　心理学家班杜拉在社会学习理论中提出的自我效能感的概念。这种自我效能感关心的不是某人具有什么技能，而是个体用其拥有的技能能够做些什么，人们常常将之称为——自信。

　　广义地讲，自信本身就是一种积极性。自信是在自我评价上的积极态度，是发自内心的自我肯定与相信。自信无论在人际交往上、事业上还是在工作上都非常重要。只有自己相信自己，他人才会相信你。自信是对自身力量的确信，深信自己一定能做成某件事，实现所追求的目标。把许多"我能行"的经历归结起来就是自信。

※名言警句

1. 天生我材必有用，千金散尽还 [huán] 复来。　　　　　　　　——李白

2. 自信是向成功迈出的第一步。　　　　　　　　　　　　　　——爱因斯坦

3. 先相信自己，然后别人才会相信你。　　　　　　　　　——罗曼·罗兰

4. 劳动使人建立起对自己的理智力量的信心。　　　　　　　——高尔基

5. 深窥 [kuī] 自己的心，而后发觉一切的奇迹在你自己。　　　　——培根

6. 除了人格以外，人生最大的损失，莫过于失掉自信心了。　——培尔辛

7. 决心就是力量，信心就是成功。　　　　　　　　——列夫·托尔斯泰

8. 教育能增加人的固有价值，有素的训练能坚定人的信心。　——贺拉斯

9. 任何人都应该有自尊心、自信心、独立性，不然就是奴才。　——徐特立

10. 恢弘 [hóng] 志士之气，不宜妄自菲薄 [fěi bó]。　　　　　　——诸葛亮

11. 要有自信，然后全力以赴——假如具有这种信念，任何事情十之八九都会成功。

　　　　　　　　　　　　　　　　　　　　　　　　　——威尔逊 [xùn]

12. 谁中途动摇信心，谁就是意志薄弱者；谁下定决心后缺少灵活性，谁就是傻瓜。

　　　　　　　　　　　　　　　　　　　　　　　　　——诺 [nuò] 尔斯

13. 我们爱我们的民族，这是我们自信心的源泉。　　　　　　——周恩来

14. 人须有自信之能力，当从自己良心上认定是非，不可以众人之是非为从违。

　　　　　　　　　　　　　　　　　　　　　　　　　　　——章太炎

15. 只有满怀自信的人，才能在任何地方都怀有自信，沉浸在生活中，并认识自己的意志。　　　　　　　　　　　　　　　　　　　　　　　　——高尔基

16. 有信心的人，可以化渺小为伟大，化平庸 [yōng] 为神奇。　　——萧伯纳

17. 坚决的信心，能使平凡的人们，做出惊人的事业。　　　　　——马尔顿

18. 一个人除非自己有信心，否则不能带给别人信心；已经信服的人，方能使人信服。

　　　　　　　　　　　　　　　　　　　　　　——麦修·阿诺 [nuò] 德

19. 能够使我漂浮于人生的泥沼 [zhǎo] 中而不致于陷污的，是我的信心。　——但丁

20. 女性需要优异的自信，甚于基于道理的自信；男性需要严肃的自信，甚于优异的自信。　　　　　　　　　　　　　　　　　　　　　——裴 [qiú] 贝尔

21. 自信者不疑人，人亦信之；自疑者不信人，人亦疑之。　　——《史典》

22. 发明家全靠一股了不起的自信支持，才有勇气在不可知的天地中前行。

　　　　　　　　　　　　　　　　　　　　　　　　　　——巴尔扎克

23. 自信与骄傲有异，自信者常沉着，骄傲者常浮扬。　　　　——梁启超

24. 骄傲两个字我有点怀疑。凡是有点干劲的、有点能力的，他总是相信自己，是有点主见的人。越有主见的人，越有自信，这个并不坏。真是有点骄傲，如果放到适当岗位，他自己就会谦 [qiān] 虚起来，要不然他就混不下去。　　　　　　——邓小平

25. 我只有一个忠告给你——做你自己的主人。　　　　　　　——拿破仑

26. 我们对自己抱有的信心，将使别人对我们萌生信心的绿芽。　　　　——拉劳士福古

27. 信心是命运的主宰。　　　　——海伦·凯勒 [lè]

在真实的生命，每桩 [zhuāng] 伟业都有信心开始，并由信心跨出第一步。

——奥格斯特·冯史勒 [lè] 格

29. 一个人是否有成就只有看他是否具有自尊心和自信心两个条件。

——苏格拉底

30. 我们要有恒心，尤其要有自信心。　　　　——居里夫人

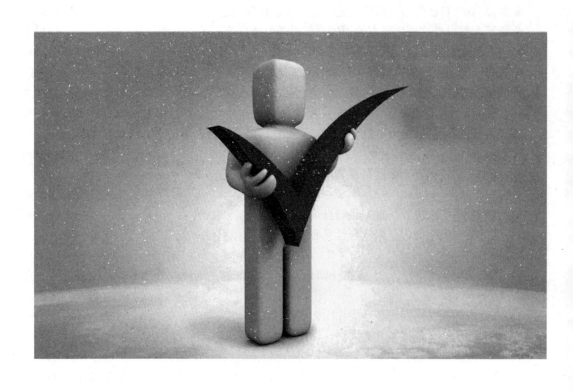

※诗词荟萃

望 岳

【唐】杜甫

岱 [dài] 宗夫如何？
齐鲁青未了。
造化钟神秀，
阴阳割昏晓。
荡胸生曾云，
决眦 [zì] 入归鸟。
会当凌绝顶，
一览众山小。

【赏析】

这是杜甫青年时代的作品，充满了诗人青年时代的浪漫与激情。全诗没有一个"望"字，却紧紧围绕诗题"望岳"的"望"字着笔，由远望到近望，再到凝望，最后是俯望。诗人描写了泰山雄伟磅礴 [páng bó] 的气象，抒发了自己勇于攀登，傲视一切的雄心壮志，洋溢着蓬勃向上的朝气。

将进酒

【唐】李白

君不见黄河之水天上来，
奔流到海不复回。
君不见高堂明镜悲白发，
朝如青丝暮成雪。
人生得意须尽欢，
莫使金樽 [zūn] 空对月。
天生我材必有用，
千金散尽还 [huán] 复来。
烹 [pēng] 羊宰牛且为乐，
会须一饮三百杯。
岑 [cén] 夫子，丹丘生，
将进酒，杯莫停。
与君歌一曲，
请君为我倾耳听。
钟鼓馔 [zhuàn] 玉不足贵，
但愿长醉不愿醒。
古来圣贤皆寂寞，
惟有饮者留其名。
陈王昔时宴平乐，
斗酒十千恣 [zì] 欢谑 [xuè]。
主人何为言少钱，
径须沽 [gū] 取对君酌 [zhuó]。
五花马、千金裘 [qiú]，
呼儿将出换美酒，
与尔同销万古愁。

自 信

顾 城

你说 再不把必然相信
再不察看指纹
攥 [zuàn] 起小小的拳头
再不相信

眯着眼睛
独自在落叶的路上穿过
让那些悠闲的风
在身后吃惊

你骄傲地走着
一切已经决定
走着 好像身后
跟着一个沮丧 [jǔ sàng] 得不敢哭泣的
孩子 他叫命运

自信和坚韧

山再高
高不过脚面
海再阔
阔不过航船

路再长
长也会有终点
云再厚
厚也蒙不住太阳的笑脸

人生只要有自信和坚韧 [rèn]
就能勇往直前，闯过难关
登上辉煌的金字塔
摘取生命的桂冠

我相信

石才夫

伤痕累累的土地
野花一定会开
黑夜的尽头
黎明一定会到来

沉默的钢轨
有列车驶过
年老的故乡
会变成青春的山脉

想念一场雨
邂逅 [xiè hòu] 一阵风
在天空中写一首诗
让巡航的鹰
南来的雁
高声朗读
趁天气晴好
晾晒 [liàng shài] 爱情

我相信这些美好的东西
也相信不美好是另一种安排
我相信你
相信握手的力量
拥抱的温暖
相信鞠躬 [jū gōng] 的谦卑 [qiān bēi]
那时我们的世俗的脸
将与大地平行

做最好的自己

如果你无法成为山顶上的一棵苍松
就做山谷中的一丛灌 [guàn] 木
但一定要做溪边最好的一丛小灌木

如果你成不了灌木
那就做一棵小草
让道路因你而更有生气

如果你成不了海洋中的大梭 [suō] 鱼
那就做一条鲈 [lú] 鱼
但一定要做湖里那条最有活力的鲈鱼

我们不可能都做船长
必须要有人做船员
总会有适合我们做的一些事情
有大事，也有小事
我们要做的就是眼前的事

如果你成不了大道
那就做一条小径 [jìng]
如果你成不了太阳
那就做一颗星星

成功还是失败
并不取决于你所做事情的大小
做最好的自己

自信的生活

寒风无情的吹落我的泪
刺骨的冰冷席卷我的全身
坐在冰冻的湖边
冻僵的鱼儿好似在对我眨眼

追随你走了千里的路
陪伴你度过了万道的坎 [kǎn]
当所有的努力都付之东流
我真的变成了一无所有

陪着比自己还伤心的人儿流泪
心中充斥 [chì] 的全是无悔
她祈 [qí] 求得到你的安慰
刹 [shà] 那间你的眼前似有一湖清水

勇敢的面对不幸时又遇到的挫折
自信的耕耘 [gēng yún] 祈祷 [qí dǎo] 的美好生活
继续的抬起那高傲的头吧
总有一天你会见到不一样的日出日落

自信
是一种态度

自信的天空

当自信
于肉体向着肉体死亡
匆匆的行进中

明亮照着
从你的手
向着你双手晃 [huàng] 动

方圆千里的广阔空间
一段枯 [kū] 木
突然冒出绿色的芽叶

紧接着
一只老鼠爬进厨房
更加明亮
直到心灵无处藏身
欲望无处隐形

像那削 [xiāo] 得精光的皇帝
昂首挺胸
意气风发
兴高采烈
他手中握紧权杖
头顶永远是
灿烂明亮的天空
脚下一定是
随时宽广的机会

我是

我是一棵小草
任凭狂风的欺凌 [qī líng]
但我从不怀疑自己的坚强
最终生出种子
待到春天播得一个绿洲
装点山河

我是一条大河
尽管行程那么曲折
但我从不怀疑东去的方向
最终奔进浩瀚 [hào hàn] 的大海
托起你的航船
送你远航

我是一块废铁
尽管已经锈迹斑斑
但我从不怀疑自己的作用
最终磨出光亮
制成子弹装进枪堂
维护和平

我是一名盲者
尽管没有阳光
但我从不怀疑生命只有黑色
最终走出家门
用心用耳用手"看"世界
改变自我

相信自己

晓　东

一次跌倒
即刻站立
不必深深埋怨
打点行囊 [náng] 出发
相信自己
能够走出辉煌前程

一句错话
立即醒悟
不必终日内疚 [jiù]
净化心灵世界
相信自己
能够悟出处世道理

一次委屈
不要惦 [diàn] 记
苦闷了听歌声
黑暗时想光明
相信自己
能够得到公平正义

一次徘徊 [pái huái]
切莫放弃
认准了的道路
一走就要到底
相信自己
能够做出美好选择

人生坎坷 [kǎn kě]
不必在意
惯看云卷云舒
笑谈世事变幻
相信自己
能够做最好的自己

※妙文佳篇

《坚定文化自信，建设社会主义文化强国》节选

——习近平 2014 年 10 月 15 日在文艺工作座谈会上的讲话

　　文化是民族生存和发展的重要力量。人类社会每一次跃进，人类文明每一次升华，无不伴随着文化的历史性进步。中华民族有着 5000 多年的文明史，近代以前中国一直是世界强国之一。在几千年的历史流变中，中华民族从来不是一帆风顺的，遇到了无数艰难困苦，但我们都挺过来、走过来了，其中一个很重要的原因就是世世代代的中华儿女培育和发展了独具特色、博大精深的中华文化，为中华民族克服困难、生生不息提供了强大精神支撑。

　　德国哲学家雅斯贝尔斯在《历史的起源与目标》一书中写道，公元前 800 年至公元前 200 年是人类文明的"轴 [zhóu] 心时代"，是人类文明精神的重大突破时期，当时古代希腊、古代中国、古代印度等文明都产生了伟大的思想家，他们提出的思想原则塑 [sù] 造了不同的文化

传统，并一直影响着人类生活。这段话讲得很深刻，很有洞察力。古往今来，中华民族之所以在世界有地位、有影响，不是靠穷兵黩 [dú] 武，不是靠对外扩张，而是靠中华文化的强大感召力和吸引力。我们的先人早就认识到"远人不服，则修文德以来之"的道理。阐 [chǎn] 释 [chǎn] 中华民族禀赋 [bǐng fù]、中华民族特点、中华民族精神，以德服人、以文化人是其中很重要的一个方面。

历史和现实都证明，中华民族有着强大的文化创造力。每到重大历史关头，文化都能感国运之变化、立时代之潮头、发时代之先声，为亿万人民、为伟大祖国鼓与呼。中华文化既坚守本根又不断与时俱进，使中华民族保持了坚定的民族自信和强大的修复能力，培育了共同的情感和价值、共同的理想和精神。

没有中华文化繁荣兴盛，就没有中华民族伟大复兴。一个民族的复兴需要强大的物质力量，也需要强大的精神力量。没有先进文化的积极引领，没有人民精神世界的极大丰富，没有民族精神力量的不断增强，一个国家、一个民族不可能屹 [yì] 立于世界民族之林。

谈自信

　　自信是一粒生命的种子，深藏在人心里，随时都可能发芽，并开出绚 [xuàn] 烂夺目的花朵。

　　自信是一个人心中的灯光，时刻照亮着人生的坐标，辉煌着人生的过程。

　　自信是坚实的足迹，踏踏实实地踩出人生的大道，回望走过的路，心中依然自信。

　　自信和力量是成正比的。人生需要进取的力量，也只有具备足够进取力量的人生，才是激昂向上的人生。自信就是这种力量的沃 [wò] 土。面积广大的自信蕴 [yùn] 育着厚重茂盛的力量。果能如此，这无疑是我们的一种无可比拟 [nǐ] 的幸福。

　　伴随自信同时出现的，常常是一些可贵的情感和品质。可以说，对于每个人，这些情感和品质如同自信一样是同等重要的。譬 [pì] 如对生活的热爱、对高尚的渴望、对社会的无私奉献和对真理的无止无休的追求。

　　自信的人谦 [qiān] 虚好学，总是取他人的长处弥 [mí] 补自己的不足，然后与优秀者公开竞跑；自信的人言语不多，喜欢在内心积蓄 [xù] 力量，收拢五指攥 [zuàn] 紧拳头然后用力出击；自信的人胸怀大志，不畏强手，勇于探索，敢于攀 [pān] 登，具有不屈不挠 [náo] 的取胜信心；自信的人立足现实，迈着坚实的脚步，一步一个脚印，一路一程收获。

　　自信的反面是自负。自信与自负虽只一字之差，却是两个截 [jié] 然不同的概念。自负是一种虚伪的徒有其表的繁华，自信是一种真实的表里如一的朴素；自负是恃 [shì] 才傲物、目空一切，自信则是"在战略上貌 [miǎo] 视敌人"的基础上"在战术上重视敌人"。自信磊 [lěi] 落、温和而又有长久的韧 [rèn] 性，自负冲动、暴戾 [lì]，虽有所坚持但终不能长久；自信是对现实和自我能力的正确评估结果，自负却是盲目的，所以，难免在某种程度上存在着自我放大自欺欺人。可以肯定地说，那些贪大求全的人、目光短浅的人、胆小怕事且终日戴着面具的乃至只懂溜须拍马阿谀 [ē yú] 奉承的人都绝对与自信无缘。

　　自信是云蒸霞蔚 [wèi] 下的奇妙景观；自负是一堆一览无余的平庸 [yōng] 石头；自信是暗香盈 [yíng] 袖的花朵，自负是急于表功的稗 [bài] 草。从某种意义上说，自信是自暴自弃的终点，是自强不息的起点。自信仿佛是人生坐标系上的原点，处境极其微妙，前进抑 [yì] 或后退，就在一念之间。具备自信就是具备了开拓 [tuò] 进取的基础和条件，因为有了自信，就有了创造精神和创新意识。十分成功中有五分属于自信。成功是船，自信是帆；成功是高山，自信是登山的小阶；成功是远方的路标，自信是脚下的跋涉 [bá shè]。

　　自信是愚公移山的信念，是精卫填海的毅力，是夸父追日的追求。

　　自信不是神话，但神话中的愚公、精卫却树起了一杆自信旗帜，飘扬在历史的岁月中，让代代传诵自信的力量。

　　自信是一缕 [lǚ] 和煦 [xù] 的春风，是一丝动人的微笑，是一片明朗的天空。

　　自信让我们变得干练、成熟，自信使我们的脚步变得坚实稳健。一个不屈不挠 [náo] 的人，自信在心中必坚韧 [rèn] 地站立着，站成精神上的钢浇铁铸 [zhù] 的脊 [jǐ] 梁，站成一幅永不凋 [diāo] 谢的风景。

相信自己，走向成功

人生的旅途上处处长满了荆棘 [jīng jí]，鼓起你的勇气，大步向前。请相信，路是人踏出来的，别说"不行"，自信，让你成功。

谁一生下来便会走路，便会写字？知识靠积累，勇气靠磨练。别再红着脸，腼腆 [miǎn tiǎn] 地说："我不行。"

课堂上，有问题时只管站起来发言，不必紧张，不必害怕。勇敢发表自己的见解，即使未必正确，没有人会讥讽 [jī fěng] 你，即使说的结结巴巴，投向你的，只会是敬佩的目光，同学们只会在心里为你鼓掌。因为你远比只敢在课桌边点点评评、窃窃 [qiè] 私语的人了不起。喔，别说"我不行。"一个生活的勇士，是敢于在别人面前展露自己缺点的。

万事总是开头难，义无反顾地面对挑战迈出决定性的第一步，紧接着会有第二步、第三步，别说"我不行。"

运动场上，请迈开步伐去拼搏、奋斗吧，别因身体孱 [chán] 弱而退缩。禁不起波浪的鱼儿永远不能跃出水面；只会躲在安乐窝中的雏 [chú] 鹰终究无法在苍穹 [cāng qióng] 中翱翔 [áo xiáng]。不必害怕跌倒，它只会使你的脚步更踏实、矫 [jiǎo] 健；不必担心失败，失败乃是成功之母。通往胜利的路充满着坎坷 [kǎn kě]，爱迪生为发明电灯曾试验过一千多种灯丝，每次失败他从不气馁，当有人嘲笑时，他却自豪的说："我发现了一千多种物质不适合做灯丝。"这是怎样的勇气和自信啊！朋友，困难在强者面前只能是纸老虎。当你成功时，你就会发觉"这并不难，我行。"

不要让美好的青春在一片"不行"声中蹉跎 [cuō tuó] 过去，等到醒悟时，双鬓 [bìn] 已斑白。莫让一生碌碌 [lù] 无为，举步踏入长满荆棘 [jīng jí] 也充满阳光的大路，让生命散发光和热。

朋友，请别说"我不行"。自信，会让你更成功。

自信是一种力量

自信是一种强大的力量，他使失败者勇敢地应对前面的挑战，能够使懦 [nuò] 弱者变得强大。自信，人类不可缺少的力量，能够改变一个人一生的命运。

在校园中，一个自认为自己学习成绩不好的人，对学习产生自卑或抗拒心理，学不好了，就放弃，不听讲，不想办法，形成恶性循环。如果他们能给自己一点点自信心，相信自己能够学好，并想方设法解决难题和困惑，为之做出努力，就不会深陷其中，从而避免学业上的失败。

一个人的成功与否，并不在于他拥有多少资源，多好的环境，而在于他是否自信。自信是成功的前提，你拥有自信，就拥有成功的一半机会。一个人如果下定决心做成某件事，那么他就会凭借意志的驱动和潜意识的力量，跨越前进道路上的重重障碍 [zhàng ài]，所谓有志者事竟成。

生活原本就是多样化的，快乐、痛苦、失望、忧伤，都是一次一次选取的阅历，一次一次人生的体验。只要不伤逝自信，推开窗，窗外的天空永久是一片蔚 [wèi] 蓝。日月星辰给每个人的光明都是平等的，不要怨天尤人，更不要意志消沉，要相信，当你的汗水洒过之后，就会有沉甸甸 [diàn] 的果实挂在人生的枝头。只要你昂起头，就能够寻觅 [mì] 到属于自己的那片天空；只要你肯弯腰，就能够采摘到自己喜欢的花束，命运就握在你自己手中。

自信是生命的基石、人生的根本。拥有自信，你才能像海燕一样，在暴风雨来临时无所畏惧勇敢搏击；你才能在人生的征途上昂扬奋进，拼博进取，创造辉煌。当有一天回首往昔时，你的记忆里才会多一些色彩斑斓 [bān lán]，少一些苍白无力。自信让你把激情岁月描绘成一幅难以忘怀的人生画卷。

自信是人生的太阳，它将永久照耀着你的人生之路。只有自己肯定自己，相信自己，才能让别人不敢轻视你，你才能登上生命的最高峰，生命的春天才会在你心中永驻。虽然春天里也有凄风冷雪，风霜尘埃 [āi]，但只要你在这春天里，努力去实践你肩负的职责，心中的理想，一路轻盈的前行，坚定你的信念，人生就会在你的面前展开新的天地。

自信，终将成为你人生道路上披荆斩棘 [pī jīng zhǎn jí] 不可估量的力量源泉。

※读后寄语

　　相信自己行，是一种信念。自信不能停留在想象上，要成为自信者，就要像自信者一样去行动。我们在生活中自信地讲了话，自信地做了事，我们的自信就能真正确立起来。面对社会环境，我们每一个自信的表情、自信的手势、自信的言语都能真正在心理中培养起我们的自信。

　　相信自己，能激发以梦为马的青春奋斗；能参与奋勇争先的百舸 [gě] 争流；能做到仰望星空的脚踏实地。

给自信的你

最使人颓废的往往不是前途的坎坷，
而是自信的丧失。
当全世界都在说放弃的时候，坚定
地告诉自己：再试一次！

第四篇

勤奋篇

谈勤奋

勤奋，是指认认真真，努力干好一件事情，不怕吃苦，踏实工作。勤奋是坚持不懈 [xiè] 的、高频率的做自己认为有意义的事。文学家说勤奋是打开文学殿 [diàn] 堂之门的一把钥匙 [yào shi]；科学家说勤奋能使人聪明；而政治家说勤奋是实现理想的基石。

中华民族历来是个勤奋的民族，勤奋也是我们的优良传统和美德，在我们的文化里能找到太多的成语、名言、典故来说明勤奋的重要性，诸如：天道酬勤、勤能补拙 [zhuō]、业精于勤荒于嬉 [xī]。成功与勤奋是密不可分的，如果想获得成功就务必透过勤奋的努力，成功的路上无捷径，只有勤奋才是成功的源泉。

※名言警句

1. 业精于勤，荒于嬉 [xī]；行成于思，毁于随。　　　　　　　　——韩愈 [yù]

2. 世上无难事，只要肯登攀 [pān]。　　　　　　　　　　　　　——毛泽东

3. 聪明出于勤奋，天才在于积累。　　　　　　　　——华 [huà] 罗庚 [gēng]

4. 努力学习，勤奋工作，让青春更加光彩。　　　　　　　　　　——王光美

5. 人类要在竞争中生存，便要奋斗。　　　　　　　　　　　　　——孙中山

6. 在学习上做一眼勤、手勤、脑勤，就可以成为有学问的人。　——吴晗 [hán]

7. 懒惰 [duò] 等于将一个人活埋。　　　　　　　　　　　　——泰勒 [lè]

8. 天才就是百分之九十九的汗水加百分之一的灵感。　　　　　　——爱迪生

9. 手懒的要受贫穷；手勤的，得到富足。　　　　　　　　　　　——《圣经》

10. 一个勤奋的人虽然会因为他的勤奋而损害到他的见地或者精神上的清新与创意，但是他依然会受到褒 [bāo] 奖。　　　　　　　　　　　　　　　　　——尼采

11. 黑发不知勤学早，白首方悔读书迟。　　　　　　　　　　　——《劝学》

12. 人生在勤，不索何获？　　　　　　　　　　　　　　　　　　——张衡

13. 攀登科学高峰，就象登山运动员攀登珠穆朗玛峰一样，要克服无数艰难险阻，懦 [nuò] 夫和懒汉是不可能享受到胜利的喜悦和幸福的。　　　　　——陈景润

14. "将来"属于那些勤勉的人。　　　　　　　　　　——孟德斯鸠 [jiū]

15. 勤则兴，懒则败，一字之理。　　　　　　　　　　——曾国藩 [fān]

16. 良机对于懒惰没有用，但勤劳可以使最平常的机遇变良机。　——马丁·路德

17. 哪儿有勤奋，哪儿就有成功。　　　　　　　　　　——谚 [yàn] 语

18. 勤奋是一条神奇的线，用它可以串起无数知识的珍珠。　　——佚 [yì] 名

19. 如果你颇有天赋 [fù]，勤勉会使其更加完美；如果你能力平平，勤勉会补之不足。
　　　　　　　　　　　　　　　　　　　　　　——雷诺 [nuò] 兹 [zī]

21. 天才和勤奋两者之间，我毫不迟疑地选择勤奋，她是几乎世界上一切成就的催产婆。
　　　　　　　　　　　　　　　　　　　　　　　　——爱因斯坦

22. 天才不是别的，而是辛劳和勤奋。　　　　　　　　　　　　　——比丰

23. 才能一旦让懒惰支配，它就一无可为。　　　　　　　——克雷洛 [luò] 夫

24. 没有加倍的勤奋，就既没有才能，也没有天才。　　　　　——门捷列夫

25. 勤勉，不浪费时间；每时每刻做些有用的事，戒掉一切不必要的行动。
　　　　　　　　　　　　　　　　　　　　　　　　——富兰克林

26. 书山有路勤为径，学海无涯苦作舟。　　　　　　　　　——《增广贤文》

27. 少壮不努力，老大徒伤悲。　　　　　　　——《汉乐 [yuè] 府·长歌行》

28. 天才就是无止境刻苦勤奋的能力。　　　　　　　　　　　　　——卡莱尔

29. 勤奋就是成功之母。　　　　　　　　　　　　　　——茅 [máo] 以升

30. 没有人会因学问而成为智者。学问或许能由勤奋得来，而机智与智慧却有懒于天赋 [fù]。

——约翰 [hàn] · 塞尔登

31. 精神的浩瀚 [hàn]、想象的活跃、心灵的勤奋：就是天才。

——狄 [dí] 德罗

32. 勤劳一日，可得一夜安眠；勤劳一生，可得幸福长眠。

——达·芬奇

33. 成天才的决定因素应该是勤奋。

——郭沫若

※诗词荟粹

长歌行

【汉】《乐府诗集》

青青园中葵 [kuí]，
朝露待日晞 [xī]。
阳春布德泽，
万物生光辉。
常恐秋节至，
焜 [kūn] 黄华叶衰。
百川东到海，
何时复西归？
少壮不努力，
老大徒伤悲。

【赏析】

这是一首咏叹人生的歌。诗人由园中葵的蓬勃生长推而广之，写到整个自然界，由于有春天的阳光、雨露，万物都在闪耀着生命的光辉，到处是欣欣向荣的景象。自然界的万物有一个春华秋实的过程，人生也有一个少年努力、老有所成的过程；自然界的万物只要有阳光雨露，秋天自能结实，人却不同，没有自身努力是不能成功的；万物经秋变衰，但却实现了生命的价值，因而不足伤悲；人则不然，因"少壮不努力"而老无所成，岂不等于空走世间一趟。

题弟侄书堂

【唐】杜荀 [xún] 鹤

何事居穷道不穷，
乱时还与静时同。
家山虽在干戈 [gē] 地，
弟侄常修礼乐风。
窗竹影摇书案上，
野泉声入砚 [yàn] 池中。
少年辛苦终身事，
莫向光阴惰 [duò] 寸功。

【赏析】

全诗前句谆谆 [zhūn] 教诲，年轻时不要怕经历辛苦磨难，只有这样才能为终身事业打下基础；后句是危言警示，不要在怠惰 [dài duò] 中浪费光阴，说明了一个量变到质变的辩证道理。为什么处于穷困之境还是要与往常一样注重修养，因为年轻时候的努力是有益终身的大事，对着匆匆逝去的光阴，不要丝毫放松自己的努力。

勤　奋

孟必真

我知道，我还不够勤奋
没有尽情燃烧
我如火如荼 [tú] 的青春
在这片肥沃 [wò] 的土地上
我应该全心全意打拼
各种各样的感情
剪裁 [cái] 得当，认认真真

我知道，我应该勤奋
用劳动为自己壮骨强筋
我要向着成功
大踏步前进
不在乎风吹雨淋
每一次前进
都是幸福花开的声音

学　习

谭乃涛

呵，春风一吹
便带走了岁月的峥嵘 [zhēng róng]
留给学生们的是——
一片忙碌 [lù]
阳光肆 [sì] 意的在书桌上跳跃着
甚至，去亲吻疲倦的脸颊 [jiá]
挥不去——
手上的疼痛，额上的汗珠

满书包的书本，并不是一张张纸
而是学生们的命运前途
可否有点空暇 [xiá]，抬头仰望
白云飘飘的季节
唯有学习才能令时间飞快
将青春留在课堂上，让峥嵘
成为春风的历史尘埃 [āi]

以秋收的勤奋收割时间

赵群星

时光如镰 [lián]
不觉刈 [yì] 过
一年，两年
三年，五年
七年
若干年

百无聊赖 [liáo lài]
又无从做起
越想放下
越此伏彼起
忽然想起
播种三春
忙于一秋的农民
他们来不及多想
他们可以
深情地怀念秋天

人生辞典（勤奋与懒惰篇）

安　石

一

懒惰 [duò] 是砂 [shā] 轮，消磨生命，
勤奋是好风，助推成功。

二

天份只是基础，勤奋与否，
才能判定一个人职场上的输赢。

三

只要肯贪黑起早，
谁都可以夺头标。

四

勤奋者只青睐 [lài] 今天，
懒惰者才寄希望于明天。

五

明天不是用来发誓的，
它是今天辛苦的延续，
拼搏的再开始。

六

聪明是勤奋的影子，
愚笨是懒惰的影子。

七

成功跑大船，河海是血汗，
失败障碍 [zhàng ài] 赛，床板是跨栏。

八

勤奋者黄昏当黎明过，
懒惰者黎明当黄昏过。

九

勤奋者沙漠也能掘出水喝，
懒惰者井边照样喊渴。

十

辛勤酿 [niàng] 蜜的蜜蜂无暇 [xiá] 高谈阔论，
坐享其成的苍蝇才枉议粪臭鱼腥 [xīng]。

人生路上需勤奋

你想成为幸福的人吗？但愿你，首先学会勤奋。你想拥有勤奋吗？但愿你，请别浪费时间。因为，时间是幸福的链 [liàn] 条，一生为你滚出无限的幸福。

世界上最宝贵的除了良好的心理素质，还有一个东西，就是勤奋。最宝贵的勤奋，不光是身体上的勤奋，而是精神上的勤奋。勤奋靠的是毅力，是永恒。文学家说，勤奋是打开文学殿 [diàn] 堂之门的一把钥匙 [yào shi]；科学家说，勤奋能使人聪明；而政治家说，勤奋是实现理想的基石；而平凡的人则说，勤奋是一种传统的美德。可见，勤奋富有了多么巨大的底蕴 [yùn] 与魅力，人类如果丢弃了它，绝对不行。

勤奋是走向成功的唯一途径。没有它，天才也会变成呆子。成功＝艰苦劳动＋正确方法＋少说空话。世界上最美好的东西，都是由劳动、由勤快的双手创造出来的。勤奋的劳动，可以获得丰硕 [shuò] 的成果。要想在仕 [shì] 途中成功的收获，还须我们一双勤劳的手。

自古以来功名成就的人，都离不开一个"勤"字。人的一生在于勤，勤能补拙 [zhuō]，不劳无获，勤劳可得，不勤则饥，不勤则愚。人生之路上，以勤为劲，焉 [yān] 得幸福，还须苦行舟。勤劳一日，可得一夜之安眠；勤劳一生，可得幸福之长眠。

自古以来学有建树的人，都离不开一个"苦"字。吃得苦中苦，方为人上人。宝剑锋从磨砺 [lì] 出，梅花香自苦寒来。人生的大道上荆棘 [jīng jí] 丛生，生活之路上烽烟滚滚，只有意志坚强而勤奋吃苦的人，才可以在笑中达到目的地。

人生不向前走，不知路远；人生不得勤奋，不明智理。天才源于勤奋，蠢人出自懒惰，明智之人甘当勤奋的小蜜蜂。勤奋，是智慧的双胞胎，懒惰，是愚蠢的亲兄弟。勤奋的人，擅 [shàn] 于利用时间，懒惰的人，总是没有时间。勤奋，是时间的主人，懒惰，是时间的奴隶 [nú lì]。人的一生须得忙碌，忙碌才能体现价值，赢取向往的收获。

世界之中，没有任何动物会比蚂蚁更勤奋，然而，它却最沉默寡 [guǎ] 言。如果每一条路上的人们，都能学学做蚂蚁，那么，碌碌 [lù] 无为的人即将远离。春天不播种，夏天就不会生长，秋天就不能收割 [gē]，冬天就不能品尝。人类要在竞争中生存，便要勤奋，要在社会中发展，便要奋斗。古往今来，任何的成功与收获，无不是脚踏实地，艰苦卓[zhuó]绝，勤奋辛劳的结果。

我们绝不鄙[bǐ]视勤奋。只有勤奋，你才可以采摘到收获。我们每个人身上都扛[káng]着一把采摘丰收的阶梯，那就是勤奋。手懒的，要受穷；手勤的，得以富足。要想拥有富足，就必须无畏的攀登，像登山运动员攀登珠穆朗玛峰一样，要克服无数前进中的艰难与险阻。懦[nuò]夫和懒汉，是不可能享受到丰收果实的喜悦和拥抱富足而幸福的。

通向面包的小路，蜿蜒[wān yán]于勤奋劳动的沼泽[zhǎo zé]之中，通向衣裳[shang]的小路，从一块无花的土地中穿过。无论是通向面包的路，还是通向衣裳的路，都是一段需要勤奋与艰辛的历程。青春的光辉，理想的实现，生命的意义，乃至于人类的生存与发展……全都包含在这两个字之中——勤奋！

只有勤奋，才能治愈[yù]贫穷的创伤；只有勤奋，才能闪耀幸福的光环；只有勤奋，人类才能看到希望和光明的前程。闪光的人生由勤奋打造，智慧的人生由勤奋堆积，伟大的人生由勤奋炫耀，平凡的人生由勤奋夯[hāng]实，坚强的意志和承受的能力通过勤奋得以深化，这乃是立足于每一时代的根本。勤奋不是嘴上说说而已，而是实际的行动，在勤奋的苦度中持之以恒，永不退却。

业精于勤，荒于嬉[xī]；行成于思，毁于随。在人生的仕[shì]途上，我们毫不迟疑地选择勤奋，她是几乎于世界上一切成就的催产婆。只要我们拥着勤奋去思考，拥着勤奋的手去耕耘[gēng yún]，用抱勤奋的心去对待工作，浪迹红尘而坚韧[rèn]不拔，那么，我们的生命就会绽[zhàn]放火花，让人生的时光更加的闪亮而精彩。

漫谈勤奋

人的惰 [duò] 性几乎是与生俱来的，但惰性对于人们的影响又有着很大不同。人和人的差别在于，意志坚强的人会努力去克服惰性的不良影响，激发自己的积极性；而意志薄弱的人则是做事拖沓 [tà]、不求上进，对于近在咫 [zhǐ] 尺机会也不握不住。

俗话说"勤能补拙 [zhuō]"。成功的人不一定是最聪明的人，但他一定是一个勤奋的人。他不会因前进道路上的任何困难而退缩，而是坚持不懈 [xiè] 地朝着自己的目标努力，并不断地对自己提出更高的要求。

也许会有人认为自己的天资不够好，学习知识的速度不如有些人快，但是这都不是最可怕的，真正可怕的是不思进取、自暴 [bào] 自弃。我们小的时候一定听过龟兔赛跑的故事，最终的结果是乌龟赢得了比赛。这也正应了我国著名桥梁专家茅 [máo] 以升说的话："开发自己的智能，"勤奋"二字是最紧要的。人的天资是有差别的，但勤奋比天资重要得多。"

试想一下，如果你处在乌龟的位置，一味悲观地认为自己绝无成功的可能，那么无论做什么工作你都不可能取得成功。即使你在起跑线上落后于别人，但只要你刻苦努力，勤奋不辍 [chuò]，最终一定会到达成功的终点。相反，那些自恃 [shì] 天资过人的人，如果不勤于学习，迟早会被他人远远抛在身后。

要想成为一名优秀的员工，就一定要懂得：勤奋是保持高效率的前提。你只有勤奋踏实地去工作，才能发挥出自己的才能、挖掘 [jué] 出全部的潜力，才能在短时间内创造出比其他人多的价值。当一个人缺乏工作至上、勤奋努力的精神，那么他也就只能羡慕他人在事业上不断取得进步，而自己的生命和精力却在懒惰中一点点消耗殆 [dài] 尽，直至最后因为工作效率低下而失去谋生之本。

被誉为"日本保险推销之神"

原一平在69岁时的一次演讲会上，当有人问他推销的秘诀时，他当场脱掉鞋袜，将提问者请上讲台，说："请你摸摸我的脚板。"提问者摸了摸，十分惊讶地说："您脚底的老茧 [jiǎn] 好厚呀！"原一平说："因为我走的路比别人多，跑得比别人勤。"

　　原来，原一平身材矮小、相貌平凡，对于推销员这个行业来说，原一平的先天条件实在太差了。这些不足之处影响了他在客户心中的形象，他起初的推销业绩因此很不理想。原一平后来想：既然比别人我的确存在一些劣 [liè] 势，那就让勤奋来弥 [mí] 补它们吧。为了实现他争第一的梦想，原一平全力以赴地工作。早晨5点钟睁开眼后，立刻开始一天的活动：6点半钟往客户家中打电话，最后确定访问时间；7点钟吃早饭，与妻子商谈工作；8点钟到公司去上班；9点钟出去行销；下午6点钟下班回家；晚上8点钟开始读书、反省，安排新方案；11点钟准时就寝 [qǐn]。这就是他最典型的一天生活，从早到晚一刻不闲地工作，把该做的事及时做完，从而摘取了日本保险史上的销售之王的桂冠。

　　世界上没有任何东西可以代替勤奋，不论是你殷 [yīn] 实富足的资产，还是超出常人的天赋 [fù]。就像王安石笔下的仲 [zhòng] 永，他的天赋 [fù] 条件比一般人高出很多，但在忽视了后天的努力学习后，他最终成为常人。这也就给了我们很大启示，有天赋 [fù] 的人若后天不学习，他的表现会"泯 [mǐn] 然众人矣"，那些本来就很普通的人，再失去了后天的勤奋，那将会连普通人都不如。

　　每个人都会有自己的职业追求，享受生活固然没错，但如何成为老板眼中有价值的员工才是你最应该考虑的。因此，一个人在工作中勤奋敬业是非常重要的。一个聪明、睿 [ruì] 智的员工绝不会错过任何一个可以让他的能力得以提高、让他的才华得以展现的工作。尽管这些工作可能薪水微薄，可能辛苦而艰巨，但它对我们意志的磨炼，对我们坚韧性格的培养，是我们一生受益的宝贵财富。所以，正确地认识你的工作，勤勤恳恳地努力去做，才是对自己负责的表现。

　　现在是一个英雄辈出的时代，面对日趋激烈的竞争，要想在人群中脱颖而出，就要求你就必须付出比以往任何时代更多的勤奋和努力。勤奋进取的态度、奋发向上的精神是你取得成功的唯一保障，否则你不能突破平凡这道屏障 [píng zhàng]，转而沦 [lún] 落为平庸 [yōng]，最后变成一个毫无价值和一事无成的人。

　　因此，勤奋是高效工作的催化剂，有一分耕耘才能有一分收获。成就人生和事业的基础只能是勤奋。只有那些勤奋努力、做事敏捷、反应迅速的人，才能把满腔的热忱 [chén] 投入到工作中去，才能让自己的事业驶入成功的轨道。

勤奋成就梦想

　　努力与勤奋成就梦想，再美好的愿望如果不付诸 [zhū] 行动，不勤奋努力，也只是空想。而任何一件事情的成功都来自勤奋和不懈 [xiè] 的努力，"勤奋出天才"，只要我们不懈努力，认准一个"勤"字，生活和学习中的许多困难都会迎刃 [rèn] 而解。这就是为何一个越努力运气就会越好的根本原因。

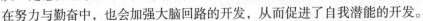

一、越学习越聪明，笨鸟先飞是有一定科学道理的

　　心理学家曾发现，人的大脑是越学习越聪明，人的大脑通过学习，神经连接会越多，这种连接也会促进智力的开发与飞跃。

　　为什么越勤奋的人，越聪明也从一定意义上说明了这个道理，人在努力与勤奋中，也会加强大脑回路的开发，从而促进了自我潜能的开发。

　　古话说，天道酬勤，比如贝多芬是天才，但更可贵的是他勤奋的品质。对人类历史的研究结果表明，在成就一番伟业的过程中，一些最普通的品格，如公共意识、专心致志、持之以恒等，往往对一个人的发展起很大的作用。即使是盖世天才也不能小觑 [qù] 这些品格的巨大作用，更别说普通人了。

　　约翰·弗 [fú] 斯特认为，天才就是点燃自己的智慧之火，激发自己的潜能。波思认为，"天才就是耐心。"强项是靠勤奋来获取的，而不是天才的产物。

　　事实上，真正伟大的人物只相信常人的智慧与毅力的作用，而不相信什么天才，甚至有人把天才定义为潜能升华的结果。

二、早动手，勤动手带来更多的探索机会

　　可以说，勤奋的人之所以会获得更多的真知，因为勤奋的人有更强大的执行力。我们个人的成长其实都是从实践中来的。

　　当一个人懂得勤奋的时候，并且有自己的想法，努力在实践中尝试自己的想法，就会比他人有更多的机会看到事物的真相。

　　道尔顿是英国物理学家及化学家，他不承认自己是什么天才，约翰 [hàn]·亨 [hēng] 特曾评论他

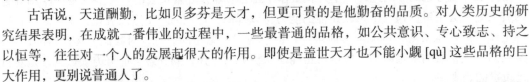

道：“他的心灵就像一个蜂巢 [cháo] 一样，从外表看来是一片混乱、杂乱无章，到处充满嗡嗡之声，实际上一切都整齐有序。

每一点儿食物都是通过勤劳在大自然中精心采集的。”道尔顿认为他所取得的一切成就都是靠自己在勤奋、靠点滴科学实践中产生。

空想从不可以带给我们更大的成就，如果我们有想法，并立马付诸 [zhū] 行动，我们就知道这个想法是否可以实施，而这就是勤奋所带来比他人更多的尝试与探索的机会。

我们再看翻一翻一些大人物的传记，我们可以发现，大多杰出的发明家、艺术家、思想家和各种著名的工匠，他们之所以能成大事，在很大程度上都归功于他们的探索与实践，而这就需要勤奋的支撑，不怕麻烦，而是勇于尝试与探索。

所以早动手、勤动手，就可以将自己的先天不足用勤补回来，反之如果不通过自己的努力与勤奋，再瑰 [guī] 丽的想法也只能是空想。

三、勤奋带来巨大的成长空间

很多失败者之所以失败，不是因为他们不具有和别人一样的能力，也不是没有人帮助他们，更不是没有人提拔他们，而是他们没有足够的勇气、敏锐 [ruì] 的观察力、判断力，更没有苦干的精神。

而那些成功者则完全不同于失败者，他们只是迈步向前，他们依靠的是踏实的努力与前进。现今世界需要但缺少的，正是那些能够脚踏实地，埋头苦干的人。

所以，我们想成就自己的事业，想成为天才，那么，从现在开始每天多做一点点，勤奋起来，那么你会有意想不到的收获。

一个人没有踏实的基础，也就不能鹤 [hè] 立鸡群，那么踏实的基础从何而来？从人的勤奋中来，勤奋会理顺自己的思维，会有灵感闪现，更有智慧的闪光。

勤奋，是改变现实的强大杠杆 [gàng gǎn]，是通向成才的前提，我们都还年轻，生活展示给我们的是一幅美好的图画。就像卡耐基曾说的那样，凡是做出事业的人，往往不是那些幸运之神的宠儿反倒是那些“没有天生机遇”的苦孩子。

将来的你
一定会感激现在拼命的自己

没有伞的孩子，必须努力奔跑

如果你碰到一个雨天，很大的雨，最要命的是你没有伞，你会怎么样，是努力奔跑？还是漫步雨中？这让我想起了一个表面上很有哲理的故事：有两个人在街上闲逛，突然天空下起了大雨，其中一个路人甲拔腿就跑，而路人乙却不为所动，还是坚持原来的步调，路人甲很是好奇的问：你为什么不跑呢？他回答说：为什么要跑，难道前面就没有雨了吗？既然都是在雨中，我又为什么要浪费力气去跑呢？路人甲哑口无言。

易地而处，你会是谁，是努力奔跑的路人甲？还是淡定如初的路人乙？他们两是谁错了？其实他们都没有错，他们唯一不同的只不过是人生的态度不同而已，其实人生并没有对错，每一步都是自己的选择，也会带来相应的结果，而不同之处就是在于，我们要为我们自己造成的结果负责而已，而这个结果就是我们的不一样的人生。

路人甲的人生相对是比较积极，他最后的结果可能也是全身湿透，和路人乙没有区别，但不同是他努力去争取了，他也可能会得到更好的结果，那就是衣服只是湿了一点，还可以继续穿，也不影响他正常的交际活动；而路人乙的人生态度就显得消极和堕 [duò] 落很多了，他对不努力奔跑的结果了如指掌，但是他选择了接受，你期待什么样的结果，你就会得到，你的心就是你想要的，所以路人乙湿身的可能性事百分百，他没有任何选择的余地。这就是他们的不同，路人甲还有机会，路人乙命中注定了悲剧，你认为你又是谁呢？

奔跑的路人甲意味着：没有后悔，没有抱怨，勇敢的面对，接受挑战，努力争取，无所畏惧 [wèi jù]，心中充满理想，对人生充满希望，懂得为自己创造机会，积极主动。

漫步的路人乙意味着：消极被动，逃避挑战，未战先输，忍让妥 [tuǒ] 协，丧失机会，一眼可以望到头的人生，逆 [nì] 来顺受，不思进取等。

人生之所以存在不同，是因为我们的想法不同，是因为我们对机会和挑战的定义不同，是选择勇敢的面对，还是选择消极的逃避，就结果而言，我们不敢绝对的判断，但是这两种生活却告诉我们一个很明白的道理，第一种人还有希望，第二种人却只剩下失望。

在现实生活中，绝大多数人如你我一样，都是没有伞却刚好碰到大雨的孩子，我们都很

因为没有伞，所以我要努力奔跑。

平凡，没有显赫 [hè] 的权势，没有高贵的背景，所有现在和未来想要的一切都只能靠自己去挣得。我们需要去迎接每次挑战，去接受每一个让我们死去活来、刻骨铭 [míng] 心的考验，一次又一次，成功、失败如影相随，泪水和汗水交织体会，不是我们没有选择，只是我们选择了一条更难的的路，没有伞的孩子，我们选择了努力奔跑。

不要抱怨社会的不公，我们谁都无法改变现实，我们能做的，便是努力奔跑在平凡的道路上，向着不平凡的终点努力。奔跑不单是一种能力，更是一种态度，决定你人生高度的态度。

勤奋好学的名人故事

故事一：孙敬悬梁的故事

　　东汉时候，有个人名叫孙敬，是著名的政治家。他年轻时勤奋好学，经常关起门，独自一人不停地读书。每天从早到晚读书，常常是废寝 [qǐn] 忘食。读书时间长，劳累了，还不休息。时间久了，疲倦得直打瞌 [kē] 睡。他怕影响自己的读书学习，就想出了一个特别的办法。古时候，男子的头发很长。他就找一根绳子，一头牢牢的绑在房梁上。当他读书疲劳时打盹 [dǔn] 了，头一低，绳子就会牵住头发，这样会把头皮扯痛了，马上就清醒了，再继续读书学习。

故事二：苏秦"刺股"的故事

　　战国时期，有一个人名叫苏秦，也是出名的政治家。在年轻时，由于学问不多不深，曾到好多地方做事，都不受重视。回家后，家人对他也很冷淡，瞧不起他。这对他的刺激很大。所以，他下定决心，发奋读书。他常常读书到深夜，很疲倦 [pí juàn]，常打盹 [dǔn]，直想睡觉。他也想出了一个方法，准备一把锥 [zhuī] 子，一打瞌 [kē] 睡，就用锥子子往自己的大腿上刺一下。这样，猛然间感到疼痛，使自己清醒起来，再坚持读书。

故事三：警枕 [zhěn] 励志

　　司马光是个贪玩贪睡的孩子，为此他没少受先生的责罚和同伴的嘲笑，在先生的谆谆 [zhūn] 教诲 [huì] 下，他决心改掉贪睡的坏毛病，为了早早起床，他睡觉前喝了满满一肚子水，结果早上没有被憋 [biē] 醒，却尿了床，于是聪明的司马光用园木头作了一个警枕 [zhěn]，早上一翻身，头滑落在床板上，自然惊醒，从此他天天早早地起床读书，坚持不懈，终于成为了一个学识渊博的，写出了《资治通鉴 [jiàn]》的大文豪。

故事四：鲁迅嚼辣椒驱寒

鲁迅先生从小认真学习。少年时，在江南水师学堂读书，第一学期成绩优异，学校奖给他一枚金质奖章。他立即拿到南京鼓楼街头卖掉，然后买了几本书，又买了一串红辣椒。每当晚上寒冷时，夜读难耐，他便摘下一颗辣椒，放在嘴里嚼 [jiáo] 着，直辣得额头冒汗。他就用这种办法驱寒坚持读书。由于苦读书，后来终于成为我国著名的文学家。

故事五：王亚南睡三脚床

王亚南小时候胸有大志，酷爱读书。他在读中学时，为了争取更多的时间读书，特意把自己睡的木板床的一条脚锯短半尺，成为三脚床。每天读到深夜，疲劳时上床去睡一觉后迷糊中一翻身，床向短脚方向倾斜过去，他一下子被惊醒过来，便立刻下床，伏案夜读。天天如此，从未间断。结果他年年都取得优异的成绩，被誉为班内的三杰之一。他由于少年时勤奋刻苦读书，后来，终于成为我国杰出的经济学家。

故事六：陈毅吃墨水

陈毅小时候非常喜欢读书。有一次，他止在看书，妈妈端来饼和芝麻酱，叫他蘸 [zhàn] 着吃。他一边看书，一边吃饼。书桌上有一个大墨盒，他竟把饼蘸到墨盒里，一口一口吃得很香。妈妈走进屋，看到他满嘴都是墨，吃惊地叫了起来。这时，他才发现蘸的不是芝麻酱，而是墨水。妈妈一边责怪他，一边心疼地拉他去漱 [shù] 口。他却笑着说：没关系！吃点墨水好哇，我肚子里的墨水还太少呢！

※读后寄语

　　自古以来，勤奋就是一个永恒 [héng] 的话题，只有勤奋，才能学业有成，事业鼎 [dǐng] 盛。勤，就是要珍惜时间，勤于学习，勤于思考，勤于探索，勤于实践。古今凡有建树者，无不成功于勤。

　　假如你是一只雄鹰，你就应以勤奋作为翅膀，奋力翱 [áo] 翔于高空；假如你是一棵树，你就应以勤奋为根，不断向大地深处汲 [jí] 取营养，立志成长为国家的栋 [dòng] 梁；如果你既作不了雄鹰，又作不了大树，那就做一棵小草吧，只要你以勤奋为立足点，春天到了，你同样能为大地增添一份绿意。只要勤奋，人人都可以创造辉煌！

第五篇

惜 时 篇

谈惜时

　　高尔基说"世界上最快而又最慢；最长而又最短；最平凡而又最珍贵；最容易被人忽视而又最令人后悔的，就是时间。"

　　所谓"一寸光阴一寸金，寸金难买寸光阴"，其实，黄金哪比得上时间珍贵呢？黄金可以被存留，而时间却像一条不息的河流，不为任何人稍作停留。人生有限，切莫把宝贵的光阴虚掷 [zhì]，珍惜时间，就是热爱生命。

※名言警句

1. 三更灯火五更鸡，正是男儿读书时，黑发不知勤学早，白发方悔读书迟。

——颜真卿 [qīng]

2. 少年易学老难成，一寸光阴不可轻。 ——朱熹 [xī]

3. 莫等闲，白了少年头，空悲切。 ——岳飞

4. 盛年不再来，一日难再晨，及时当勉励，岁月不待人。 ——陶渊明

5. 一年之计在于春，一日之计在于晨。 ——萧绎 [yì]

6. 少壮不努力，老大徒伤悲。 ——《长歌行》

7. 一万年太久，只争朝夕。 ——毛泽东

8. 不要为已消尽之年华叹息，必须正视匆匆溜走的时光。 ——布莱 [lái] 希特

9. 普通人只想到如何度过时间，有才能的人设法利用时间。 ——叔本华

10. 在所有的批评中，最伟大、最正确、最天才的是时间。 ——别林斯基

11. 抛弃时间的人，时间也抛弃他。 ——莎士比亚

12. 时间最不偏私，给任何人都是二十四小时；时间也是偏私的，给任何人都不是二十四小时。

——赫胥黎 [hè xū lí]

13. 一个人越知道时间的价值，越倍觉失时的痛苦呀！ ——但丁

14. 即将来临的一天，比过去的一年更为悠长。 ——福尔斯特

15. 一切节省，归根到底都归结为时间的节省。 ——马克思

16. 黄金有价，光阴无价。 ——谚 [yàn] 语

17. 不要以感伤的眼光去看过去，因为过去再也不会回来了，最聪明的办法，就是好好对付你的现在——现在正握在你的手里，你要以堂堂正正的大丈夫气概去迎接如梦如幻的未来。

——郎费罗

18. 不管饕餮 [tāo tiè 的] 时间怎样吞噬 [shì] 着一切，我们要在这一息尚存的时候，努力博取我们的声誉，使时间的镰 [lián] 刀不能伤害我们。 ——莎士比亚

19. 当许多人在一条路上徘徊 [pái huái] 不前时，他们不得不让开一条大路，让那珍惜时间的人赶到他们的前面去。 ——苏格拉底

20. 必须记住我们学习的时间是有限的。时间有限，不只是由于人生短促，更由于人事纷繁。我们应该力求把我们所有的时间用去做最有益的事情。 ——斯宾塞

21. 时间就是生命，时间就是速度，时间就是气力。 ——郭沫若

22. 最严重的浪费就是时间的浪费。 ——布封

23. 时间，天天得到的都是二十四小时，可是一天的时间给勤勉的人带来聪明和气力，给懒散的人只留下一片悔恨。 ——鲁迅

24. 把活着的每一天看作生命的最后一天。 ——海伦·凯勒 [lè]

25. 时间待人是同等的，而时间在每个人手里的价值却不同。 ——佚 [yì] 名

26. 时间是由分秒积成的，善于利用零星时间的人，才会做出更大的成绩来。

——华 [huà] 罗庚 [gēng]

27. 时间就象海绵里的水一样，只要你愿挤，总还是有的。　　　　——鲁迅

28. 合理安排时间，就等于节约时间。　　　　　　　　　　　　——培根

29. 在世界上我们只活一次，所以应该爱惜光阴。必须过真实的生活，过有价值的生活。

——巴甫 [fǔ] 洛 [luò] 夫

30. 你热爱生命吗？那么，别浪费时间，由于时间是组成生命的材料。

——富兰克林

※诗词荟萃

劝　学
【唐】颜真卿 [qīng]

三更灯火五更鸡，
正是男儿读书时。
黑发不知勤学早，
白首方悔读书迟。

【赏析】

　　这首诗深入浅出，自然流畅，富含哲理。核心是"黑发早勤学，白首读书迟"。作为有志气的人，要注意抓紧时间读书学习修身养性，最好的读书时间是在三更五更，晨读不息；而且只有年年月月刻苦坚持，才能真正学到报国兴家立业的本领。从学习的时间这一角度立意，劝勉 [miǎn] 年轻人不要虚度光阴，要及早努力学习，免得将来后悔。

明日歌

【明】钱福

明日复明日

明日何其多

我生待明日

万事成蹉跎 [cuō tuó]

世人若被明日累

春去秋来老将至

朝 [zhāo] 看水东流

暮看日西坠 [zhuì]

百年明日能几何？

请君听我明日歌

明日复明日

明日何其多

日日待明日

万世成蹉跎 [cuō tuó]

世人皆被明日累

明日无穷老将至

晨昏滚滚水东流

今古悠悠日西坠

百年明日能几何？

请君听我明日歌

时　间

有的人说
时间是一只蝴蝶
想去捉它
它已经飞走了

有人说
时间是海里的游鱼
想去捕它
它已经游走了

有的人说
时间是一条彩虹
想去摸它
它已经消失了

我说
时间是一团薄雾
想去碰它
它已经散了
啊!
时间是来也匆匆!
去也匆匆!

珍惜时间

于　江

一不小心触摸灵感
所有的激情都被点燃
往事一幕幕在眼前浮现

仿佛就在昨天
所有的梦想都已实现
有成功的喜悦
也有说不出的辛酸

曾经为了我们年轻的誓言
努力拼搏，埋头苦干
尝尽人间冷暖，离合悲欢
你乐观面对，从容坦然

虽然这么多年
成绩只是一点点
但你依然笑容满面
因为实践便是经验
这比什么都值钱
艺术来源于生活
创作需要灵感

奋斗吧朋友
用满腔 [qiāng] 热情来宣写生命誓言
热爱生命，
珍惜时间
你的人生便会处处灿烂

时间像什么

牧 乘

时间
像幽灵一样
不断的紧迫着我
有如江河之水牢牢的网住鱼虾
决不放过

时间
像沙尘暴一样
铺天盖地
填充所有空隙 [xì]
决不落空

时间
像龙卷风一样
穷凶极恶
无情的卷走一切
卷走我的自信
决不罢休

时间
像慈父一样
敞 [chǎng] 开怀抱
安抚 [fǔ] 迷航的候鸟
让勇士在港湾养精蓄锐 [xù ruì]
决不放弃

时间
像严母一样
时刻告诫 [jiè] 着我
要珍惜时间
创造时间
时刻保持与时俱进
决不浪费时间

时 光

悄悄地
你便从指缝间流走
从不打一声招呼
匆匆地
你向来便是那么急促
从不停下来歇 [xiē] 息
是你
令沧 [cāng] 海桑田成为事实
让士别三日，刮目相看传为佳话
但也是你
使一寸光阴，一寸金成为警句
把少壮不努力，老大徒伤悲挂在人们嘴上

从一个细小的"了"字中
我们窥 [kuī] 视到你的威力
有的人放弃了你
你也放弃了他们
有的人从美梦中醒来时
你却留给他们长长的背影
有的人虽然抓住了你的脚步
但你已在他们脸上划下
一条条，一道道

让日月交替
你是否在提醒人们
成功
来源于马上行动

留住时间

流水去了
有多少人回头望着
那空寂的声音

夏天去了
有多少人回头望着
那反复的蝉 [chán] 鸣

童年去了
有多少人回头望着
那多味的小糖

珍惜吧
人不应关在岁月重楼
前方还有无限阳光

风烟飘过水微漾 [yàng]
树叶黄，落秋塘
秋风飒飒 [sà] 吹动人心肠
为知深秋美何处
步出门，看秋芳
时光已逝人稍 [shāo] 翔
童年去，似春光
斜晖 [huī] 脉脉映照昔泪光
应知时光不复还
惜青春，勇起航

珍惜时光

岁月的流逝
人生的短暂
造就了时间的宝贵

时间是天使
它造就了人生的价值
时间是恶魔
它造就了岁月的流逝
时间是一道选择题
对与错将造就一生的价值

时间来去匆匆
如风而去
如水而流
留下的只是一声感叹
带走的却是人生岁月

时间不会为你而留
漠 [mò] 然的回眸 [móu]
将让你失去更多

不要为时间而停留自己的脚步
风华的岁月从身边划过
流下一颗遗憾的心
曲终人也散
时间如风，别为它停留
别为人生留下一丝遗憾
让人生充满价值
去实现人生的目标

珍　惜

当你初生落地的那一瞬间，
死亡的倒记时就已悄悄的开启。
在你有限的生命里，
你是否该尽可能去做更多的事情呢？

时间是你的财富，
它是慢慢消逝的财富，
过了就不再回来，
所以，你该珍惜，
该从这慢慢消逝的财富里去"榨取"更多的"利益"。
所谓利益就是为你的生命历程刻上一枚印记，
你不该荒废这次旅程。

母亲怀胎十月，
一朝分娩 [miǎn]，
承受了莫大的痛苦，
但是面对这艰难的过程，
她没有哭出来，
没有要放弃，
反而坚强的，
坚持着看到你。

她笑了，
笑容是那样灿烂、迷人，
因为，她知道，
你会让她精彩，
你会给她带来希望。
在她眼里，
你是她白天的太阳，
照耀着她是夜晚的星星，
陪伴着她。

所以，你不该辜负她，
真的不该……
她是你的恩人也是你的财富。
同样，也是慢慢消逝的财富，

她的倒记时，已所剩无几。

所以，你不该让她伤心，
那样只会让她的倒记时加速运转。
有朝一日，
当你真正为你的生命历程刻上一枚印记的时候，
回头去看看你的恩人，
她的两鬓 [bìn] 已经发白，
但是她仍然冲你微笑，
笑的仍然那样灿烂、迷人，
因为，你让她骄傲，
你也会不虚此生。

青春时节

汪国真

当生命走到青春时节
真不想再往前走了
我们是多么留恋，这份魅力和纯洁
可是不能啊
前面是鸥鸟的召唤，身后是涌浪般的脚步
和那不能再重复一遍的岁月
时光那么无情，青春注定要和我们诀别
时光可也有意啊
毕竟给了我们，璀璨 [cuǐ càn] 的韶 [sháo] 华和炽 [chì] 热的血液
我们对时光，该说些什么呢
是尤怨，还是感谢

匆　匆

朱自清

燕子去了，有再来的时候；杨柳枯了，有再青的时候；桃花谢了，有再开的时候。但是，聪明的，你告诉我，我们的日子为什么一去不复返呢？ ——是有人偷了他们罢：那是谁？又藏在何处呢？是他们自己逃走了：现在又到了哪里呢？

我不知道他们给了我多少日子；但我的手确乎是渐渐空虚了。在默默里算着，八千多日子已经从我手中溜 [liū] 去；像针尖上一滴水滴在大海里，我的日子滴在时间的流里，没有声音也没有影子。我不禁头涔涔 [cén] 而泪潸潸 [shān] 了。

去的尽管去了，来的尽管来着，去来的中间，又怎样的匆匆呢？早上我起来的时候，小屋里射进两三方斜斜的太阳。太阳他有脚啊，轻轻悄悄地挪 [nuó] 移了；我也茫茫然跟着旋转。于是——洗手的时候，日子从水盆里过去；吃饭的时候，日子从饭碗里过去；默默时，便从凝然的双眼前过去。我觉察他去的匆匆了，伸出手遮挽 [zhē wǎn] 时，他又从遮挽着的手边过去，天黑时，我躺在床上，他便伶伶 [líng] 俐俐 [lì] 地从我身边跨 [kuà] 过，从我脚边飞去了。等我睁开眼和太阳再见，这算又溜走了一日。我掩 [yǎn] 着面叹息。但是新来的日子的影儿又开始在叹息里闪过了。

在逃去如飞的日子里，在千门万户的世界里的我能做些什么呢？只有徘徊 [pái huái] 罢了，只有匆匆罢了；在八千多日的匆匆里，除徘徊外，又剩些什么呢？过去的日子如轻烟却被微风吹散了，如薄雾，却被初阳蒸融 [róng] 了；我留着些什么痕迹呢？我何曾留着像游丝样的痕迹呢？我赤裸 [luǒ] 裸来到这世界，转眼间也将赤裸裸地回去罢？但不能平的，为什么偏要白白走这一遭啊？

你聪明的，告诉我，我们的日子为什么一去不复返呢？

时　间

席慕容

一锅米饭，放到第二天，水气就会干了一些，放到第三天，味道恐怕就有问题了。第四天，我们几乎可以发现，它已经变坏了。再放下去，眼看就要发霉 [méi] 了。

是什么原因，使那锅米饭变馊 [sōu] 变坏？

是时间。

可是，在浙江绍兴，年轻的父母生下女儿，他们就会在地窖 [jiào] 里，埋下一坛坛米做的酒。十七八年后，女儿长大了，这些酒就成为了嫁女儿婚礼上的佳酿。它有一个美丽惹人遐 [xiá] 思的名字，叫女儿红。

是什么是那些平凡的米，变成芬芳甘醇 [chún] 的酒？

也是时间。

到底，时间是善良，还是邪恶的魔术师呢？不是，时间只是一种简单的乘法，令把原来的数值倍增而已。开始变坏的米，每一天都在不断的变得更腐臭。而开始变醇的美酒，每一分钟，都在继续增加的芬芳。

在人世间，我们也曾看到过天真的少年一旦开始堕 [duò] 落，便不免越陷越深，终于变得满脸风尘，面目可憎。但是 相反的，时间却把温和的笑痕，体谅的延伸，成熟的风采，智慧的神韵添加在那些追求善良的人身上。

同样是煮熟的米，坏饭与美酒的差别在哪里呢？就在那一点点酒曲。

同样是父母所生的，谁堕落如禽兽，而谁又能提升成完美的人呢？是内心深处，仅仅环抱不放的，求真求善求美的渴望。

时间怎样对待你我呢？这就要看我们自己是以什么样的态度来期许我们自己了。

时间面前，一切终将释怀

常想时间是一味良药，能让人自渡 [dù]，再难忘的人或事，在时间面前终将释怀。

光阴的巷 [xiàng] 口，谁没有过年少唇红齿白的时光，谁不曾走过青春的迷茫，谁没有过年少的轻狂，谁没有经过命运的起起落落？

生命中，总有那么一个人陪你看过风景，总有一双手温暖你前行的路，总有一首歌让你听着就泪流满面，总有一段文字让你不忍触碰，埋藏在心底。

当有一天，站在岁月的彼岸回望，那些纯真的年月，那些沧桑 [cāng sāng] 的磨砺 [lì]，都变成泛 [fàn] 黄的记忆，终是感动了时光，也感动了自己。

季节辗 [zhǎn] 转，总有过起风的晨曦 [xī]，也有绚 [xuàn] 丽的黄昏，一路走来，能让你驻 [zhù] 足的，是温暖，离开的，是懂得，念与不念，舍与不舍，都变成照亮前行的路上的灯光。

总有一天，你会发现，曾经想牢牢抓住的，慢慢的就放下了，曾经痛过的，慢慢地伤口就结疤 [bā] 了，不是不痛了，也不是遗忘了，只是释怀了。

岁月一声不响，带我们品尝过聚散离合的伤感，走过高高低低的沉浮，却分分秒秒不停留。当开始和结束，变成一种途径，不得不感叹时光的强大。

罗西说："与失去的时间相比，所有的失去都是一种赠与，无怨无悔。"

人生有笑有泪，再浓烈的事情在时间的磨合下都会慢慢的变淡，岁月流逝，会带你看更好的风景，让你遇见更好的人，更好的事。

一只杯子，只有倒空了，才可以重新容纳水，生活，删繁就简才能更好地前行，我们没必要一味的停留在从前。

生命走的再远也要回归原点，往事是用来回味的，今天是用来珍惜的，明天是用来期许的，人生路上，或交集，或擦肩，不曾改变的曾经牵过手的温暖。

时光磨练人的心性，人到中年，于岁月已经隔着几重山水，终于明白，淡然才是生命的最终归宿。

人生不能彩排，每一个清晨，都是一个新的开始，每一个黄昏，都是一个终结，忘掉昨天的不快乐，做一株向日葵，向着明媚微笑前行。

无论生活如何的让你满面风尘，守心自暖，心若不动，风又奈 [nài] 何，你若不伤，岁月无恙 [yàng]。终有一天你会学会不争不抢，不远不近，脚步走的不急不缓 [huǎn]，从容不迫。

从前的车马很慢，慢的一生只能爱一个人，现在的时光很快，快的都来不及看清楚身边的风景，虽然时光可以苍老容颜，而心却可以依然年轻，毕竟岁月未曾饶 [ráo] 过我们，我们也未曾饶过岁月。

珍惜光阴

岁月总在不经意间就溜 [liū] 走了，许多的时间都不知道用到哪里去了，很多人都在叹息时间去哪里了，殊不知道时间就在自己的指间溜走。

年轻的时候，总以为时间有很多很多，很多人就这样的在浪费着时间，明知道时间过去了就没有了，但依然还是看着它溜走，就算时间无论有多么不舍，却不会在意，但真的需要它的时候，会发现一切都不在了。

看着自己在时间岁月中，没有留下什么，只留下很多遗憾的时候，都叹息时间为什么不长久一点，殊不知时间对每个人都是公平的，只是很多人都没有留恋过时间这个永恒不会停止的东西。

当我们走过那个曾经浪漫的年代的时候，会觉得时间其实对我们已经很好了，只是当时的我们不知道时间珍贵，只知道该放肆 [sì] 的时候就放肆的潇洒，却没有珍惜时间为我们流下的泪。

当我们不再冲动轻狂的时候，当我们能理解时间珍贵的时候，当我们都在怀念当初快乐时光的时候，当我们已经不在是当年那个懵 [méng] 懂少年的时候，当我们没有给父母任何回报的时候，当我们的父辈都离开我们的时候，当我们都在叹息岁月催人老的时候，当一切一切都变的模糊 [mó hu] 的时候，那时可听见时间的一声叹息。

当我们真正懂的时间去哪里的时候，才发现原来时间都是自己不经意间浪费的，不要怪时间给我们太少了，时间对每个人都是一样的，不会偏向任何的人，时间是最公平的，只能怪自己当初的轻狂，不懂珍惜时间，从懵懂到叛逆，从叛逆到成熟再到理解，可惜到理解时间珍贵的时候，时间已经回不去了，才知道先辈留下的名言都是对的，"一寸光阴一寸金，寸金难买寸光阴"。

珍惜剩下的时间，不要让我们留下任何的遗憾，因为时间不会给我们再来一次的机会。

时间是组成生命的材料

时间就是生命，珍惜时间就是珍惜自己的生命。古人说："一寸光阴一寸金，寸金难买寸光阴！"这是很有道理的。我们要用自己的时间换取生命的价值。

美国伟大的科学家爱迪生，就是用自己宝贵的时间来证明生命的价值。爱迪生一生只读过三个月的书，被人认为是低能儿的爱迪生，长大后却成为举世闻名的"发明大王"。他无论是做实验，还是去观察，都用极短的时间解决。爱迪生常对助手说："人生太短暂了，要多想办法，用极少的时间办更多的事。"爱迪生的强烈研究精神，使他改进人类的生活方式，作出了重大的贡献。

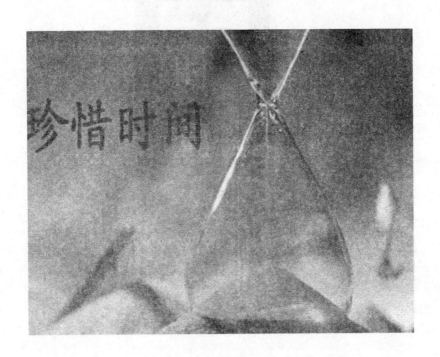

人应该学会在这有限的生命中完成更多有意义的事，把空闲的时间用成功补满。珍惜一分一秒，把自己的生命安排的井井有条，从此来证明自己生命的价值。

正因为富兰克林有着珍惜时间、珍惜生命的品质，使他拥有更多的时间，去研究、观察、试验。让他取得了非凡的成就。美国着名科学家富兰克林每天把自己的时间安排的井井有条。五点起床，规划一天的业务，并且自问："我这一天做了什么好事？"

他的朋友为此很担心，生怕他的身体出了毛病，便劝道："天天如此，是不是过于辛苦……"富兰克林连忙打断朋友的话："那么也别浪费时间，因为时间是组成生命的材料！"

世界上没有后悔药，也没有能让时间倒流的办法，它只会从你身边跑走，我们要紧追它，这样才能给自己一个充实的人生。

珍惜时间

　　世界上最快而又最慢，最长而又最短，最平凡而又最珍贵，最易被忽视而又令人后悔的是什么呢？对，就是时间。如果说空间不那么公正，那么，时间却是相当公正的。

　　上天赐给我们每个人最丰盛的礼物就是时间。因为无论多么富裕的人都无法用金钱买到更多的时间。然而，就用一句话体现了用金钱是买不到时间的，那就是"一寸光阴一寸金，寸金难买寸光阴。"再怎么贫穷的人一天也有 24 小时的时间可以供他使用。

　　时间是我们所拥有的最宝贵的东西。我们能够挽留朋友，却不能够挽留时间，正所谓"时间一去不复返。"时间就像那滚滚东流的江水一去不回头，所以我们没有理由不珍惜时间。

　　而珍惜时间最好的办法就是，在决定如何使用时间之前，先清楚自己的人生目标。只有这样，我们才会知道自己曾经做过了什么，这一刻正在做什么，下一刻将要做什么；我们也将会知道如何来对待别人的时间。时间是由分秒积成的，善于利用时间的人，才会做出更大的成绩来，而不会利用时间的人，会抱怨时间不够。有人说过，时间可以获得金钱，金钱却买不到时间；也有人说过，时间不能增添一个人的寿命，然而，珍惜光阴可以使生命变得更有价值。

　　鲁迅很珍惜时间，把时间当作生命。但是我想，时间就是生命。鲁迅在逝世前不久，还有病床上写文章，写日记。他有一名名言："要赶快做！"赶快做，就是不让时间白白流去。

　　从现在开始，你有什么理由不珍惜时间呢？

把握时间

当灿烂的阳光绽 [zhàn] 放它的笑脸，当丝丝微风拂 [fú] 过你的脸颊 [jiá]，同学们，你是否感觉到；枝头上那点点鹅黄的嫩芽，是春天的微笑？天空中那欢畅 [chàng] 可爱的小鸟，是春天的心跳？是的，春天是美好的！可是，我们永远能留住这美好的春光吗？珍惜时间就是合理地利用时间，时间对我们每个都很重要，它不会为谁停留。当你早晨洗脸刷牙的时候，时间从水盆里溜 [liū] 走了；当你吃饭的时候，时间从饭碗里溜走了；当你睡觉的时候，时间又从你的美梦中溜走了，你想挽留时间吗？那就得靠自已把握时间。正如鲁迅史生所言"时间就像海绵里的水，只要愿挤，总还是有的。"

利用好课堂上的每一分钟，专心听讲，认真思考，甚至把别人玩的时间用在了读书上，这样我们才有更大的收获！

花儿谢了有再开的时侯；草儿枯了有再绿的时侯，而时间的存在本身就是一种希望，不要害怕时间的无情，也不要感慨 [kǎi] 时间的短暂，时间是一去不复返的，所以我们不要把今天的事拖到明天去做，因为明天还有明天所要做的事情。

一寸光阴一寸金，寸全难买寸光阴，我们应该珍惜自己所拥有的美好时光，希望大家珍楷自己的每分每秒，随着奋起的节拍乘风破浪，让生命之舟与时间一起扬帆远航。

※读后寄语

　　时间是什么？是钟鸣、是沙漏 [lòu]，是日日夜夜，是春夏秋冬，是年月，是世纪……这些都是时间公断而可见的标志和尺度，但不是时间本身。时间是什么？时间是生命。勤奋者抓紧时间；求知者利用时间；有志者珍惜时间；聪明者争取时间。珍惜时间就是尊重自己的生命，不要想着怎样去抓住时间的尾巴，要学会怎样利用它、珍惜它，让我们与时间赛跑，做时间的主人！

第六篇

自律篇

※前言导语

谈自律

自律，指在没有人现场监督的情况下，通过自己要求自己，变被动为主动，自觉地遵循法度，拿它来约束自己的一言一行。指不受外界约束和情感支配，据自己善良意志按自己颁布的道德规律而行事的道德原则。

康德说："所谓自由，不是随心所欲，而是自我主宰 [zǎi]。而自律带来的自由，恰恰就是掌控自己生活的能力。"这种自律，就是指行为主体的自我约束、自我管理，以事业心、使命感、社会责任感、人生理想和价值观作为基础。如张九龄言"不能自律，何以正人？"能够掌控自身的人，才能更好的使人信服。

毕达哥拉斯也说过"不能约束自己的人不能称他为自由的人。"我们的自律并不是让一大堆规章制度来层层地束缚 [fù] 自己，而是用自律的行动创造一种井然的秩序来为我们的学习、生活争取更大的自由。

※名言警句

1. 自制是一种秩序 [zhì xù]，一种对于快乐与欲望的控制。　　　——柏 [bó] 拉图

2. 一个人一旦明白事理，首先就要做到诚实而有节制。　　　——德拉克罗瓦

3. 自律是解决人生问题最主要的工具，也是消除人生痛苦最重要的方法。

——M·斯科特·派克

4. 我的 [dí] 确时时解剖 [pōu] 别人，然而更多的是更无情的解剖自己。　　——鲁迅

5. 真正的自由是在所有时候都能控制自己。　　　　　　　　　　　——蒙田

6. 所谓自律，是以积极而主动的态度，去解决人生痛苦的重要原则，主要包括四个方面：推迟满足感、承担责任、尊重事实、保持平衡。

——M·斯科特·派克

7. 要进行严厉的自我克制，因为克制本身就可以作为一种精神寄托。　——泰戈 [gē] 尔

8. 自尊、自知、自制，只有这三者才能把自己引向最尊贵的王国。　　——丁尼生

9. 随着自律的不断加强，爱和人生经验一并增长，我们会越来越了解自身成长的世界，以及我们在世界中的位置。　　　　　　　　　　　　　　　——M·斯科特·派克

9. 自由与约束相辅 [fǔ] 相成，没有自律作基础，自由带来的就不是真正的爱，而是情感的毁灭。　　　　　　　　　　　　　　　　　　　　　　——M·斯科特·派克

10. 诚信的约束不仅来自外界，更来自我们的自律心态和自身的道德力量。

——松下幸之助

11. 登峰造极的成就源于自律。　　　　　　　　　　　　　　——松下幸之助

12. 让你的恶习先你而死。　　　　　　　　　　　　　　　　——富兰克林

13. 一个年轻人，心情冷静下来时，头脑会变得健全。　　　　　——巴尔扎克

14. 能命令自己的人，就很快能命令别人。　　　　　　　　　——希翰 [hàn]

15. 能约束自己的人，最有威信。　　　　　　　　　　　　——塞涅 [niè] 卡

16. 自我控制是最强者的本能。　　　　　　　　　　　　　　——萧伯纳

17. 成功源于自律，一个人如果没有果断的培品质，他就永远不能算是一个独立的人。

——约翰 [hàn] ·福斯特

18. 哪怕对自己的一点小小的克制，也会使人变得强而有力。　　——高尔基

19. 测量一个人的力量的大小，应看他的自制力如何。　　　　　——但丁

20. 征服自己的一切弱点，正是一个人伟大的起始。　　　　　——沈从文

21. 自律是一杆秤 [gǎn chèng]，一头是良知，一头是贪念。　　——佚 [yì] 名

22. 如若你想征服全世界，你就得征服你自己。　　——陀 [tuó] 思妥 [tuǒ] 耶夫斯基

23. 正己然后可以正物，自治然后可以治人。　　　　　　　　——岳飞

24. 一个人最大的胜利，就是战胜自己。　　　　　——安德雷耶 [yē] 夫

25. 制度千万条，自律最重要。　　　　　　　　　　　　　——佚名

26. 人生观、价值观、权力观，观观要正确；金钱欲、享乐欲、美色欲，欲欲当自律。

——佚名

27. 无论你怎样地表示愤怒，却不要做出任何无法挽回的事来。　　　　——培根

28. 如果你在小事没办法约束自己，你在大的事情也很可能不约束自己。

——华伦·巴菲特

※诗词荟萃

爱莲说

【宋】周敦 [dūn] 颐 [yí]

　　水陆草木之花，可爱者甚蕃 [fān]。晋陶渊明独爱菊。自李唐来，世人甚爱牡丹。予独爱莲之出淤 [yū] 泥而不染，濯 [zhuó] 清涟 [lián] 而不妖，中通外直，不蔓 [màn] 不枝，香远益清，亭亭净植，可远观而不可亵 [xiè] 玩焉。

　　予谓菊，花之隐逸 [yì] 者也；牡丹，花之富贵者也；莲，花之君子者也。噫！[yì] 菊之爱，陶后鲜有闻。莲之爱，同予者何人？牡丹之爱，宜乎众矣。

【赏析】

　　莲花从淤 [yū] 泥中长出却不被污染，经过清水的洗涤 [dí] 却不显得妖艳。它的茎内空外直，不生蔓 [màn] 不长枝，香气远播更加清香，笔直洁净地立在水中。作者尤其喜爱莲花，因为作者是高傲的，他那种不从众只求纯净的心态，在碌碌 [lù] 尘世中是难能可贵的。作者通过对莲花的爱慕与礼赞，表明自己对美好理想的憧憬，对高尚情操的崇奉，自制自律，不为外物所扰。

石灰吟

【明】于谦

千锤万凿出深山，
烈火焚烧若等闲。
粉骨碎身浑不怕，
要留清白在人间。

【赏析】

这是一首托物言志诗。处处以石灰自喻，咏石灰即是咏自己磊落的襟怀和崇高的人格。表达自己为国尽忠，不怕牺牲的意愿和坚守高洁情操、不被外物干扰的决心。

我不能

清晨的阳光
侧身挤过窗棂 [líng]
轻轻地落到枕边
伴着他的甜梦
啊
多么温馨 [xīn]、惬 [qiè] 意
多么舒适、恬 [tián] 静 ......

谁不想
有这种享受
然而
我却不能

半掩羞颜的嫦娥
率领着大群的星星
扒 [bā] 着窗户
倾听着屋里的动静

灯光下
火炉旁
麻将桌上
刮着东西南北风
他全心地投入
又是那么尽兴
不去理会移转的星月
不必倾听嘀嗒的钟声……

谁不爱
这闲暇 [xiá] 的愉悦
然而
我却不能

不是不会享受生活
不是不爱愉悦轻松
只缘任重道又远
哪肯半途弃前功
故而
我不敢随意地
——挥霍 [huò] 生命

学　会

覃 [qín] 远桂

有道是
严于律己，宽以待人
自律是一种克制
自律是一种反省
自律是一种风度
自律是一种精神

学会自律的人
一定会进步
会自律的人，心里如明镜
会自律的人，困难会战胜

人生是舟
自律是水
以水推舟
方能万里锦 [jǐn] 程
驶向自己人生价值的彼岸
促使自己人生功底的练成

自律犹如一个茧 [jiǎn]
让人在里面慢慢修行
最后羽化成蝶
即可飞向灿烂的花丛
自律会使人稳重
律己会受人尊敬

自律是一列强劲的列车
让人进步不停
到达既定站点
最后名就功成

人生是树
自律是土
树滋长于土
方能枝繁叶盛

自律犹如一位严师
能将你的缺陷时时提醒
指出你行为上的不端
时刻让你清醒
时刻让你
注意自己的言行
注意自己的不足
随时自觉改正
让你每日记住
行必端，言必正

人生是茶
自律是沸 [fèi] 水
沸水泡茶
方能芳香四喷

自律是一种对欲望的控制
是对诱惑的拒允 [yǔn]
自律是风筝的牵线
它控制着风筝飞行

自律是一种理智
能使你的思考冷静
多一些这种思考
便会使自己目标更加鲜明
让自己展现出全部的价值
让自己少走许多弯程
使自己能更加紧跟快行

自律是我们行为的天平
它能让我们懂得孰 [shú] 重孰轻。
它能让我们知道
什么是误导，什么是斜倾

自律是金光灿烂的马缰 [jiāng]
它让人受到理智的缚捆 [fù kǔn]
不偏离轨道
前进自有中心

自律是一把心灵的扫帚 [zhou]
让人深知不足
并把污秽 [huì] 浊 [zhuó] 浑扫除干净

自律是一个大头钉
它让你的生命之纸
在人生的挂壁上
被钉得稳稳
时时刻刻
坚守自己的本真

自律是一种改造
是最严厉的自我提纯
人格的冶 [yě] 炼
它如同兴奋剂一般
使你勇往直行
不受一切阻梗 [gěng]
它使你飞速进步
不浪费你的光阴
能够自律的人
就是有力的人

自律像是一面镜子
它能够
将我们的错误照得非常鲜明
使我们随时有机会改正

一个人的愚笨
不在他的无知
而在他不会
把自己的不端看清

一个学会自律而时刻审视自己的人
才有可能认清自己
摆正自己的位置
才能有自知之明
我们要问自己
你在想什么问题?
你该做什么事情?

对你最重要的是什么？
你所做的一切的前提
是否妨碍 [ài] 到别人
而不是只为了自身

言必行
行必果
要说到做到
要雷厉风行

既要自爱
又要自尊
既要自重
又要自逊 [xùn]
学会自律
勇于自省

自由与自律

严元俭

是苗儿都追求自由生长
是鸟儿都追求自由飞翔
扎根大地是苗儿的自律
它把自由限在一方土壤 [rǎng]
献身长空是鸟儿的自律
它把自由限在一层天堂
啊! 朋友!
自由与自律是两只翅膀
离开其一就不能飞翔

自由与自律是物的阴阳
一旦脱离就走向灭亡
追求自由莫忘追求自律
合道而行才能一路吉祥

※妙文佳篇

修成一朵淡雅的梅

"墙角数枝梅，凌 [líng] 寒独自开。遥知不是雪，为有暗香来。"梅，因了其不与百花争艳，不畏风霜严寒的高洁品性，令无数文人雅士为之惊叹，留下一首首脍炙 [kuài zhì] 人口的诗篇。

梅是淡雅而高洁的花。它经历了莺 [yīng] 歌燕舞的春，花团锦簇 [jǐn cù] 的夏，天高日晶的秋而始终不为所动，坚守本心，倾一年之力的蕴 [yùn] 养，终以一支支充满了执着与坚持的花朵，赢得了无数人的倾慕。

不受诱惑，坚守本心，这是梅对自身的诠 [quán] 释。只可惜随着社会的发展，欲望的增加，我们渐渐不再知晓"坚持"为何物。城市是没有夜晚的，声色犬马，纸醉金迷，灯红酒绿——沉浸 [jìn] 在欲望中的人们啊，还有谁记得自己的本心？

不由得抚掌而叹。古有头悬梁，锥 [zhuī] 刺股，闻鸡起舞。而今呢？只剩对钱，对权力的欲望，人们迷失其中，无法自拔。感官的欲望吞没了精神的超然，我们都越活越麻木，越活越平庸 [yōng]。可是啊，只有沉下心来，约束自己，保持住最初的那个自己，我们才能获得真正的愉悦，成就一段无愧于心的人生。

很多人小时候都想过一个问题："你们为什么要好好学习？你们以后想做什么样的人呢？"答案是五花八门的：科学家，宇航员，老师，作家……现在再问一次："你们为什么要好好学习？"答案却出奇的一致：要挣钱，挣大钱，吃喝玩乐就是王道。

坚持二字，被名为"欲望"的橡皮擦啊擦，擦掉一遍又一遍，真把古人们的脸挨个擦成红色。

为什么我们不能坚持自己的本心呢？为什么我们不能做一枝梅花？现实世界欲望纷杂，难道我们就不能有些自制力吗？为什么精神上高雅的渴望竟屈从于物质的欲望之下？"欲望"二字，真的就这么难以抵抗吗？

梅花啊梅花，告诉我，这个世界为什么这么嘈杂？颜渊有言："仰之弥 [mí] 高，钻之弥坚"，颜渊的世界是安静的，那里的人们坚守着本心，追求着自我，欲罢不能。最终，他们攀上了精神的顶峰。

愿我们都能够修成一朵淡雅的梅，能自律自强，坚守本心，不为周遭环境所累 [lěi]。再回首，已在冬的尽头，徐徐绽 [zhàn] 放出一支春天。

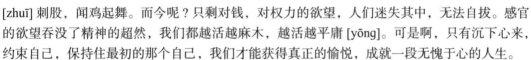

放任与自制

自律的反面是放任。

我们看一个淘气的孩子，在父母长辈的宠爱下，有时会说一些没大没小的话，做一些颠三倒四的事。家有客人，他更是调皮捣蛋，无一刻安宁，这就是所谓的"人来疯"。

当然，儿童的自制力本来就较弱，发一点"人来疯"是情有可原的。但是，为什么有的青年，到了已经懂事的年龄，还不能约束自己的言行举止呢？重要原因之一，就在于放任自己。

比如抽烟，在开始不过是抽抽玩玩的，但有的人却从来不去认真想一想为什么要抽烟，而只是盲 [máng] 目地听凭 [pín] 自己抽下去。于是一根两根，一包两包，直至成为嗜好 [shì hào]，积习难改。这不是从放任自己开始的吗？

如果说，盲目纵欲是自制力的腐蚀 [fǔ shí] 剂，那么反过来，自制力又是征服放任的有效武器。一个有名的例子，就是《钢铁是怎样炼成的》一书中描写的保尔·柯 [kē] 察金戒烟的故事。有一次，青年们就"习惯能不能改掉"这个问题发生了争论，有人说："习惯比人厉害，养成了就改不掉，抽烟就是一例。"，保尔不同意这种看法，他认为：人应该支配习惯，而决不能让习惯支配人，不然的话，岂不要得出十分荒唐的结论吗？

这时，有人挖苦保尔，说他吹牛皮，因为他明知抽烟不好但并没有戒掉。保尔沉默了一会儿，从嘴角拿下烟卷，把它揉碎 [róu suì]，斩钉截 [jié] 铁地说："我决不再抽烟了，要是一个人不能改掉坏习惯，那他就毫无价值"。从此，保尔果然不抽烟了。

每一个不想使自己变得"毫无价值"的青年，都应该像保尔一样，下决心依靠自制力跟自己的坏习惯作斗争。

降服自己

自律是一种特殊的美德，研讨一切成功者的经历，自制力是他们共同的特征。陀 [tuó] 思妥 [tuǒ] 耶夫斯基说："如果你想降服全世界，你就得降服自己。"一个人如果降服了自己的缺点，不再放纵自己的天性，每天沉着地经营着自己的时间、爱好、专长、思想、耐力和心智，不仅仅会成为自己人生的操纵者，并且必定也会有能力成为他人的领导者。每一个人都有成功的可能，差异就在于，有的人由于超强的自制力，把自己的优势扩大到了极致；有的人由于缺少自制力，随意地放纵了自己。

我们常常说做一个有教养的人，深藏不露，不耻下问，雍 [yōng] 容大度，不张不戾 [lì]，谈吐高雅。可是，我也这样想，当一个人历来不发火，更不会大发雷霆 [tíng]，无论面临赞许还是诽谤 [fěi bàng]，他的脸上总是挂着浅笑，这样的教养让人敬佩。可是，或许又是可怕的。你必定会想到这浅笑的后边，或许有令人毛骨悚 [sǒng] 然的用心。乃至，这种平心静气的浅笑，恰是对你品质的侮辱 [wǔ rǔ] 和怠 [dài] 慢，由于他用目光通知你：你不是对手，他不屑于与你争辩。

所以，有许多时分，我通知朋友们：当你的身边都是文质彬彬 [bīn] 之士的时分，你的境况，或许更应该引起你的警惕 [tì]。因为能控制自己情绪的人，往往是大能之人。

你也不必被自己的情绪控制，愤怒必将始于愚蠢而终于悔恨。做一个让人敬畏的人，首先要做能降服自己的人。

许多人常常巴望机遇，盼望得到贵人相助，其实，什么都不如自己的尽力最靠得住。机会，或许会暂时给你一个渠 [qú] 道；已经成功的人，或许会暂时助你一臂之力。可是操纵自己命运的，必定是你的才智与能力，自律的程度，决定了人生的高度。

被窝里的习惯

今天的晚上吃饭，是大学门口的一家餐馆。我看着那一栋栋的宿舍楼。一排一排的窗户，我的思绪一下子想到了很多很多。

想到里面学生的未来，想到不知道有多少的人在打着电脑游戏。想着有多少的人蜗 [wō] 居在那残破不堪的寝 [qǐn] 室。想着里面脏乱恶劣残破的男生宿舍。这些人真的就是我们国家的未来的吗？

我不敢去想。

我也知道有很多人在这小小的房间日夜不停地奋斗。

我想到了我过往中的大学生活。那是一个不到十五平方的六人间，陌生的人陌生的城市陌生的习惯，被随意的安排在了一起。当住进那个宿舍的那一刻，你的未来几年就和这几个陌生的人签下了未来的契 [qì] 约。他们能成就你，也能毁灭你、影响你甚至连累你。但是最能改变你的是你被窝里的习惯。

不知道现在的大学生活怎么样。当快速发展时代的纷扰 [rǎo] 和成功者的孤独寂寞相交的时候，是不是很多的人，就在那小小的房间和小小的屏幕面前再也不会努力地奋斗了。

还记得我那时候上学的日子，很多同学还是去网吧上网，但闲来无事的时候我们还会交谈，还会沟通。最起码我们那个时候没有外卖，想吃只能下楼去买。想偷懒的人只能去讨好他人——讨好也是一种沟通。

我很庆幸那时候的我每天晚上都躺在床上和我的室友沟通。说说一天的学习，说说一天的生活，说说一天的梦想。每晚都是躺在被窝里最放松的时候去和他们探讨人生未来。那一次次的沟通让我养成了一个晚间反思的习惯。

每晚想想今天的自己，想想今日的得失，有没有给朋友带饭；有没有带饭了没有归还的人情。总之每天躺在被窝里的我总是会想很多的事情。

最终我明白一个人的未来和被窝有着很大的关系。

那时候有一段时间，我很是佩服我寝室里面的老二。不管春夏秋冬，不管刮风下雨，只要到了早上六点，他总是第一个离开被窝，走上阳台，开始哇啦啦的背英语单词。他就像是一个上了链条的闹钟，准时可靠。他背诵单词的声音总会带动着寝室的老三。老三总是起来做俯卧撑。

人总是要和被窝打交道。多睡一会和少睡一会都有着很大的不同，很庆幸。老二毕业后直接出国了，据说雅思还是高分。而老三那几年的体能付出也是有回报的，当年毕业时候的体能测试我们寝室也就他一个人达标，而我们都是慢悠悠的还在被窝里暖和。其实他们就比我早那么几分钟离开被窝，但他们和我的人生已经不再相同。

习惯都是从离开被窝的那一刻开始的。而被窝里的习惯，就是安逸和暖和 [huo] 的缩写。离不开被窝就离不开那安逸的房间，在安逸的房间中，只能安逸的沉沦 [lún] 下去。

我看着面前一排一排的宿舍楼，想着里面吃着外卖打着游戏的安逸生活。那就像是一个被窝——里面温暖舒适，外面残酷肃杀，不知道有多少人能体会得到。

但至少还有人能在楼下买饭。就说明，有人选择离开了安逸。

持续自律

你是否有这样的经历？

制定了学习计划，但没坚持几天后就毅然放弃……

说好了每天不熬夜，但坚持了没几天又被睡前不停地刷手机而不了了之……

计划了周末要打扫卫生，真正到了那天又死死地赖在床上不动……

你时常很厌恶这样的自己：缺恒心少毅力，做事三分钟热度。我们身边大多数也是这样的人。有时会理性地做一些提升自己的计划，但关键时候总是率性而为，难以控制自己的行动。常常立志，常常放弃；坚定地计划，决然地放弃。最后恼了自己，堕 [duò] 落了自己，个人难以提升。

自律，不凭空产生的，而是需要时间和勇气去培养。

1. 列出短期和长期的动机，并维持下去

若想培养自律意识，动机至关重要。自律是一个枯燥 [kū zào]、持久的过程，若心理没有持续的动力很难坚持。短期的动机，比如完成眼前的某项任务，因为有时间的限制，一般都能按时完成。但往往是那些长远的计划，一时的努力并不能立刻带来收益的行为才需要我们持续自律。

一但找到这样的动机，就要细心呵护它。当前行的路变得艰难时，就想一想你为何而战。这能够让你坚定决心，继续投入到工作中。

2. 找出能激励自己的人物去模仿

有时我们会失控，有时周遭的一切会将我们打倒，让我们觉得无法前行。实在是太难。这个时候，我们需要一个榜样，在心里问一句："如果是我的偶像，他会怎样做呢？"然后默默持续平静，默默坚持。

3.让"反增法"来帮你

下次在工作中又想看电视的时候，多坚持五分钟，而不是像往常那样起身投入沙发的怀抱。如果能做到这一点，那下次努力多坚持六分钟。每次一要分心的时候就这样做。这样一来，你就会不断积累优秀品质而非坏习惯，会增强自律意识。很快，"再坚持五分钟"不再显得那么困难，你已经步入养成持久自律的轨道。

4.养成习惯并坚守

习惯是个有力量的词，像水一样不露痕迹，但力量强大。养成持久自律最好的方法就是为自己设定常规。把一件事情在规定的时间以相似的心态重复下去，也许刚开始的时候会很难，但慢慢的，你会享受这个过程，直至最后，你会把它当成吃饭呼吸一样自然。这是一场马拉松，而不是短跑。

培养自律是你所做事情中回报最为丰厚的一件。只有透过自律你才能实现自己的理想和目标，一切从自己做起，从现在做起，从此刻做起！

※读后寄语

　　有这样一则寓言：一天，风筝和线手牵手在天空中飞翔，过了一会儿，风筝不耐烦的对线说："老兄，请放开我，不要限制我自由活动的空间。"线劝道说："老弟，不行啊！我的责任就是要限制你。否则，你就会失去飞翔的自由。"风筝不听劝告，拼命的摆脱线的束缚 [fù]，然而就在它将线挣断后不久，便一头栽 [zāi] 进了无底的深渊。

　　风筝的不幸，是不了解真正的自由。真正的自由都要受到一定的约束和限制，没有任何限制，不约束的自由是不存在的。自律，能使人获得行动的自由。让我们学会自律，它使人自知，能使人学会战胜自己，能使人养成良好行为习惯，能使人获得行动的自由，能使人高尚起来。

第七篇

友善篇

※前言导语

谈友善

　　友善思想在我国传统文化中源远流长。古人很早就提出了"仁者爱人"、"出入相友，守望相助"、"推己及人"、"责友以善"等观点。友善不仅是中华民族的传统美德，也是中国古代倡导的一种为人处世智慧。它对现代中国的道德文化建设具有重要的意义和价值。

　　当前，社会主义核心价值观在个人层面倡导友善，既是对传统道德精华的继承，又反映了人类社会发展和中国现实的需要，具体表现为三种态度：一是与他人相处，要相互尊重、理解宽容、协调合作；二是对外部世界要尊重自然、保护环境、珍惜资源；三是对自己，对内在心灵，要与己为友，常怀恻 [cè] 隐之心。践行社会主义友善价值观，是社会主义条件下处理人际关系、建设和谐家园、实现民族梦想的重要精神条件和价值支撑。

※名言警句

1. 亲善产生幸福，文明带来和谐。　　　　　　　　　　　　　　　　——雨果

2. 对众人一视同仁，对少数人推心置腹，对任何人不要亏负。　　　——莎士比亚

3. 最能施惠 [huì] 于朋友的，往往不是金钱或一切物质上的接济 [jì]，而是那些亲切的态度、欢悦的谈话、同情的流露和纯真的赞美。　　　　　　　　　　　——富兰克林

4. 在无利害观念之外，互相尊敬似乎是友谊的另一要点。　　　　　　——莫罗阿 [ē]

5. 友谊、活跃和青春的歌声会减轻我们的痛苦。　　　　　　　——空茨 [cí] 凯维支

6. 灵魂最美的音乐是善良。　　　　　　　　　　　　　　　　—— 罗曼·罗兰

7. 善良的行为使人的灵魂变得高尚。　　　　　　　　　　　　　——卢梭 [suō]

8. 当一人言行不一致时，这就完全糟 [zāo] 了，这会导向伪善。　　　　——列宁

9. 与其说是为了爱别人而行善，不如说是为了尊敬自己。　　　　　　——福楼拜

10. 在一切道德品质之中，善良的本性在世界上是最需要的。　　　　　　——罗素

11. 只有肚子饿的时候，吃东西才有益无害；同样，只有当你有爱心的时候，去同人打交道才会有益无害。　　　　　　　　　　　　　　　　　　——列夫·托尔斯泰

12. 善良的、忠心的、心里充满着爱的人儿不断地给人间带来幸福。　——马克·吐温

13. 只要你们纯洁、诚实、总代表勤勉、多替别人着想，一生的成功就有把握。

　　　　　　　　　　　　　　　　　　　　　　　　　　　　　——马克·吐温

14. 真正的友谊，是需要保持一定的间隔的。有间隔，才会有尊重；有尊重，友谊才会天长地久。　　　　　　　　　　　　　　　　　　　　　　　　　　——尤今

15. 心地善良的人、富于幻想的人比冷酷残忍的人更容易聚合。　——约翰逊 [xùn]

16. 谁要是在世界上遇到过一次友爱的心，体会过肝胆相照的境界，谁就是尝到了天上人间的快乐。　　　　　　　　　　　　　　　　　　　　　　——罗曼·罗兰

17. 谁若想在困厄 [è] 时得到援助，就应在平日待人以宽。　　　　　——萨 [sà] 迪

18. 生活中的善越多，生活本身的情趣也越多。二者水乳交融 [róng]，相辅相成。

　　　　　　　　　　　　　　　　　　　　　　　　　　　　——列夫·托尔斯泰

19. 一只小小的蜡烛，它的光照耀得多么远，一件善事也正像这支蜡烛一样，在这罪恶的世界上发出广大的光辉。　　　　　　　　　　　　　　　　　　——莎士比亚

20. 世界上最宽阔的东西是海洋，比海洋更宽阔的是天空，比天空更宽阔的是人的胸怀。

　　　　　　　　　　　　　　　　　　　　　　　　　　　　　——法国·雨果

21. 不能用温情征服对方的人，用殴 [ōu] 打也征服不了对方。　——契 [qì] 诃 [hē] 夫

22. 对于我来说，生命的意义在于设身处地的替他人着 [zhuó] 想，忧他人之忧，乐他人之乐。　　　　　　　　　　　　　　　　　　　　　　　　　　——爱因斯坦

23. 真诚的关心，让人心里那股高兴劲儿就跟清晨的小鸟迎着春天的朝阳一样。

　　　　　　　　　　　　　　　　　　　　　　　　　　　　　　——高尔基

24. 人的一切都应该是美丽的：面貌、衣裳、心灵和思想。　　　　　——契诃夫

25. 一种天性的粗暴，使得一个人对别人没有礼貌，因而不知道尊重别人的倾向、气性或地位。这是一个村野鄙 [bǐ] 夫的真实标志，他毫不注意什么事情可以使得相处的人温和，使他尊敬别人，和别人合得来。

——洛 [luò] 克

26. 要尊重每一个人，不论他是何等的卑 [bēi] 微与可笑。要记住活在每个人身上的是和你我相同的性灵。

——叔本华

27. 帮助人，但给予对方最高的尊重，这是助人的艺术，也是仁爱的情操。

——刘墉 [yōng]

居善地，心善渊，
与善仁，言善信，
政善治，事善能，动善时。
夫唯不争，故无忧。

※诗词荟粹

放鱼诗
【唐】白居易

香饵 [ěr] 见来须闭口，
大江归去好藏身。
盘涡 [wō] 峻 [jùn] 激多倾险，
莫学长鲸 [jīng] 拟 [nǐ] 害人。

【赏析】

　　看到香喷喷额鱼料要闭口，回到大江里去隐藏踪迹，旋涡激流很多危险，也不要学恶鱼一样想着怎么去害人。诗人告诫鱼保护自己不忘向善，也是在劝诫诗人善良。

友善之花

友善
多么美好的字眼
友善
多么温馨 [xīn] 的语言

它就像那永不停息的春风
抚 [fǔ] 过人们的心灵
人们的心灵啊
于是便盛开了那朵友善的花

多么鲜艳的花啊!
人们见了禁不住停下脚步
欣赏着它那光彩的颜色
心中也有了友善的鼓励

多么清香的花啊!
安静的放在心灵的窗台上
它那诱人的花香吸引着无数人驻 [zhù] 足
羡慕它那阵阵的清香
心中亦有了友善留下的足迹

多么光彩的花
多么清香的花
陶冶 [yě] 了无数人心中长出友善的蕾 [lěi]
它那含苞 [bāo] 欲放的神态
预示着它开出的将会是一朵永不凋零的花

多么和熙 [xù] 的风啊!
多么温暖的风啊!
看那出水芙蓉 [fú róng] 在风中摇曳 [yè]
看那美丽的花蕾在风中怒放

每个人的心中都盛开着一朵友善的花
每个人的心中都有一个很高的架
让这友善之花攀 [pān] 上无限高架
让这友善之风吹抚 [fǔ] 更多花蕾

让这友善花蕾盛出更多的花
让这友善之花永不凋 [diāo] 零

看吧！
当春风吹过大地
大地将开满鲜花
当春风吹过沙漠
沙漠亦能成为绿洲

当春风吹过世界
世界便没有了斗争
到处都是一片爱的海洋
愿我们每个人的心中都有一朵友善之花

面朝大海，春暖花开

海　子

从明天起，做一个幸福的人
喂马、劈 [pī] 柴，周游世界
从明天起，关心粮食和蔬菜
我有一所房子，面朝大海，春暖花开

从明天起，和每一个亲人通信
告诉他们我的幸福
那幸福的闪电告诉我的
我将告诉每一个人

给每一条河每一座山取一个温暖的名字
陌生人，我也为你祝福
愿你有一个灿烂的前程
愿你有情人终成眷属
愿你在尘世获得幸福
我只愿面朝大海，春暖花开

表达善意

朱成玉

向一朵花表达善意
只需你闭上眼睛
像蜜蜂和蝴蝶
对着它嗅 [xiù] 来嗅去

向一只鸟表达善意
只需你在冬天的雪地上
轻轻扫出一块空地
洒几粒粮食

向一匹马表达善意
只需你放下鞭 [biān] 子
任由它自由自在
在风中奔跑

向一只狗表达善意
只需你看出它的寒冷
为它垫上温暖的棉絮 [xù]

向春天表达善意
只需你写下一首诗
或感恩，或赞叹的一首诗
是你为春天献上的玫瑰

向秋天表达善意
只需你怀念一棵树
曾经枝繁叶茂
栖 [qī] 满鸟声的树
像你秋天里的某些亲人

向黑夜表达善意
只需你放掉刚刚捉到的萤火虫
向黎明表达善意
只需你早早起床
去看看太阳的分娩 [miǎn]

向一本书表达善意
只需你洗净双手
轻轻翻动
向一幅画表达善意
只需你擦亮双眸 [móu]
识别真伪

向一朵云表达善意
只需你蓄 [xù] 满柔情
向一捧 [pěng] 雪表达善意
只需你摊开掌心

向眼睛表达善意
只需你学会凝 [níng] 视
向耳朵表达善意
只需你学会倾听

向音乐表达善意
只需你不要喧哗 [xuān huá] 吵闹
向诗歌表达善意
只需你不要冷嘲热讽

向同一个病房的人表达善意
只需你忍住疼痛
掩盖你的呻吟 [shēn yín]
向一个用生命演绎 [yì] 生命的演员表达善意
只需你的一滴眼泪
向一个跑龙套的小丑表达你的善意
只需你一个真诚的微笑

向孩子表达善意
只需给他们一个可以踢球和放风筝的地方
向老人表达善意
只需你递过去一根拐杖 [guǎi zhàng]

向农民表达善意
只需你拣起掉落在桌子上的饭粒
向工人表达善意

只需你拾起那些遗落在路上的螺丝钉

向老师表达善意
只需你用心去计算、大声去朗读
向医生表达善意
只需你重新健康地、自由自在地呼吸
向交警表达善意
只需你关心红绿灯和斑马线

向月亮表达善意
只需你抬头仰望
向故乡表达善意
只需你低头思念

向蓝天表达善意
只需你少投放一些浓烟
向大海表达善意
只需你少扔一块垃圾

向一支笔表达善意
只需你写出规规矩矩的字
向一面镜子表达善意
只需你做一个正大光明的人

向世界表达善意
不需你抛头颅 [lú] 洒热血
不需你忍严寒受酷暑
向世界表达善意
只需你坚持到底
把爱心的火把一直传递下去

宽 容

宽容是一种修养的美
似宽阔无边的海
似浩瀚 [hàn] 无垠 [yín] 的星空

宽容是一种非凡的气度
是品德的崇 [chóng] 高
是胸怀的高耸 [sǒng]

宽容是一种仁爱
看到的是博大的胸襟 [jīn]
看到的是对人和事的包容

宽容是一种理解和尊重
在心灵上得到沟通
在情感上得到相融 [róng]

宽容是一种智慧的象征
铸 [zhù] 就了你人格的魅力
铸就了你事业的恢宏 [huī hóng]

有了宽容
人世间就会少了许多纷争
就会多了人间友善和无限的感动

有了宽容
心里就会少了许多愤愤不平
就会多了人情色彩的情意浓浓

有了宽容
你的心就会变得宁静
你的生活会少了伤痛

有了宽容
你的头脑会变得聪颖 [yǐng]
你的智慧会变得睿 [ruì] 智无穷

有了宽容

会磨砺 [lì] 你的人生
你的意志坚强挺拔 [bá] 如松

学会宽容
不是忍气吞声
不是无原则的放纵 [zòng]

学会宽容
就是懂得怎样去尊重别人
就是赢得别人对你的尊重

学会宽容
让你的心灵得到充盈 [yíng]
让你的情爱充满着真诚和感动

学会宽容
你真正拥有了快乐和幸福
你的生活充满着温馨 [xīn] 的舒荣

学会宽容
你的个性张扬得到收敛 [liǎn]
你的心灵绽放出绚 [xuàn] 丽的彩虹

※妙文佳篇

太阳与北风

　　有这样一个寓言故事：太阳和北风争论谁更有力量。它们看到一位穿着棉衣的老人，就打赌说：谁能够让老人把外套脱下来，就承认谁的力量大。北风使劲地向老人吹去，想把老人的外套吹下来。可是它越吹，老人把外套裹 [guǒ] 得越紧。北风吹累了只好认输。太阳从云的背后走出来，将温暖的阳光撒在老人身上。没多久老人就出汗了，并把外套脱了下来。太阳笑着对北风说："温暖比强硬往往更能达到良好的效果。"

　　这个寓言故事很好地证明了友善力量的强大。当前，我国正处在社会转型期，经济压力越来越大，利益竞争更趋 [qū] 激烈，社会矛盾和分歧 [qí] 日益增多，而友善则对社会各阶层、各行业的人达成共识、融洽 [róng qià] 相处有着重要意义。

　　较之古代，现代社会成员拥有更大的空间和机会与他人交往，这就对友善提出了更为具体的要求。首先，友善需要公民待人平等，这是友善的前提。其次，友善需要公民待人如己，这是友善的重要方法。第三，友善需要公民待人宽厚，这是友善的重要要求。最后，友善需要公民助人为乐，这是友善的直接表现。

　　具体而言，友善有助于个人建立良好的社会关系。常言道："良言一句三冬暖，恶语伤人六月寒。"友善交流的态度、与人为善的宽厚，可以增进人与人之间的感情，从而推动相互之间的进一步合作。从这个角度来说，友善还是塑 [sù] 造良好工作和生活环境不可或缺的价值理念。此外，友善有助于维护社会稳定，是社会和谐的润滑剂。由于思想和价值观的不同，人与人之间常会产生争执，严重者拳脚相加。这不仅关乎个人声誉和利益，也影响着社会的风气和秩序 [zhì xù]。

　　友善就是要人们懂得尊重和宽容，懂得将心比心，从而用和平的方式化解矛盾，实现人与人之间的友好相待和社会的和谐稳定。

《中国传统文化中的"仁爱"》节选

张世英

　　我从小受到中国传统文化的熏陶 [xūn táo] 和滋养，在念小学和初中期间，几乎每天晚间，父亲教我学古文。到了西南联大，跟着李广田先生，才开始学习用白话文写作。我对传统文化的情感是很深的。但是，我也通过自己的生活和经历体会到，对待传统文化确实要本着"取其精华，去其糟粕 [zāo pò]"的精神，继承其中优秀的部分，而要扬弃其中过时的或者糟粕的部分。

　　仁爱是中国传统文化中十分重要的一个思想。孔子说"仁者爱人"，但是他留下来的话都是片段的语录，并没有系统的发挥。孟子发挥了他的学说，孟子讲"四端"："恻 [cè] 隐之心，仁之端也；羞恶 [wù] 之心，义之端也；辞让之心，礼之端也；是非之心，智之端也。"他认为恻隐之心是仁的发端，有了恻隐之心，才会有仁心。从恻隐之心推而广之，就是"老吾老 / 以 / 及人之老，幼吾幼 / 以 / 及人之幼"，这就是儒家的仁德。那么，什么是恻隐之心呢？《孟子·公孙丑上》中有言：小孩子快要掉落于井中，赶紧去救，不是为了讨好小孩的父母，不是要别人称赞我，不是因为讨厌孩子的哭声，而是一种不计外在功利，不论一时利害的"不忍人之心"，这就是儒家的"仁爱"，是"仁者爱人"的开端。

　　联系到现实生活，看到别人的不幸遭遇，仁者应该有恻隐之心，不掺 [chān] 杂功利的计较和考虑，伸手相助。这当然是很好的，是我们传统文化十分优秀的东西，不仅应该继承，还应该坚决地发扬光大。

　　再进一步分析。西方的博爱从人人平等出发，中国的恻隐之心从本能触发，对中国人来说，因为从本能触发，不可能不受亲情的支配。所以，中国的仁爱是差等之爱，爱有亲疏远近之别。西方的博爱讲人人平等，认为每个人都有自己独立的人格，都应该互相尊重，这是无差等之爱，是一种理性反思的结果。

　　所以，我以为，中国的"仁者爱人"，必须加上现代的平等观念，必须加上对他人人格和他人的"自我"的尊重，这样的中国文化一定有光明的前途。

友善与宽容

友善宽容是为人之准则，也是处世之法宝。

人生在世，穿梭 [suō] 于茫茫人海，经常会面对别人一个不小心踩着了你的鞋子，或扬手时不经意碰着你的帽子的事情。"对不起"，在对方轻轻的歉语时，你报以一个淡淡的微笑，"没关系"，这是一种包涵 [han] 谅解，这也是一种友善；在日常的工作或生活中，常常因一句随意而说的话，一件不经意而为的小事，使朋友或领导误解或产生不信任，但不要苛 [kē] 求任何人，要严以律己，宽恕 [shù] 别人，这是一种宽容。宽容不但是做人的美德，也是一种明智的博大胸怀。是人与人心灵交往的桥梁。

友善待人，快乐自己

友善是最好的态度，微笑是最好的表情，
握手是友好的交流，朋友是一生的财富。

正如法国文学大师雨果所说："世界上最宽阔的是海洋，比海洋更宽阔的是天空，比天空更宽阔的是人的胸怀。"大师的话虽然有点浪漫夸张，却也不无现实的启示。不由让我想起曾看到过春秋战国时的一个故事：楚庄王一天晚上设酒宴 [yàn]，酬 [chóu] 谢有功之臣。席间歌舞曼妙，美酒佳肴 [yáo]，杯盏 [zhǎn] 交错，烛光摇曳 [yè]。为助兴，楚庄王还命令两位他最宠爱的美人许姬 [jī] 和麦姬轮流向各位功臣们敬酒。忽然一阵狂风刮来，吹灭了所有的蜡烛，大厅漆黑一片，席中一位将领乘机摸了许姬的玉手。许姬一甩手扯 [chě] 断了他的帽带，匆匆回到楚庄王身边并悄悄对楚庄王说："刚才有人乘机调戏我，我扯断了他的帽带，你赶快叫人点亮蜡烛，看谁没有帽带，就知道是谁了。"但是，楚庄王听了，先命令手下不要点亮蜡烛，却大声向各位功臣将领说："我今天晚上一定要和各位一醉方休，请大家都把帽子脱了，痛快饮酒吧。"等到点亮蜡烛时，众人都没有戴帽子，也就分不出谁的帽带断了，一场剑拔弩 [nǔ] 张的惩戒 [jiè] 之事，被楚庄王无声无息一言带过了。数年之后，楚军与晋军交战，楚军处于劣 [liè] 势，节节败退。突然，一位将领冲向敌阵，拼死杀敌，带动士兵勇往直前，敌方不知所以然，急忙鸣金撤退，使楚军转败为胜。在又一次庆功酒宴上，楚庄王举杯嘉奖这位将领时，而将领却跪地说道："当年那一次酒宴上，是我不慎 [shèn] 拉了许姬之玉手，感谢大王不杀之恩，我当以死相报。"原来他就是当年被许姬误认为调戏她的人。楚庄王当年也许是以宽容之心而为，也充分体现了王者的宽厚仁爱和令人敬佩的以国家大事为重的国王之胸怀。其实他并没有期求什么报答，却得到了丰厚的回报，也正是他的事业成功之根本所在。

值得今天的我们深思，这不是偶然的巧合，这是"退一步海阔天空。""经路窄处，留一步与人行"的回报。试想，当年楚庄王听许姬之言，一怒之下，一刀杀了这位将领，那么几年后的这次战争也许就会失败，甚至会使他江山社稷 [jì] 不保。可见，与人为善、宽以待人是一种修养，是一种胸怀，是一种博爱，是一种境界。和善不是胆小无能，而是一种海纳百川的大度。

　　做人要常怀友善，更要学会宽以待人。如果每个人都能具有一颗宽容之心，一种想着别人的思想，则可以消融许多不满与仇怨。所以，在生活中，我们设身处地为别人多想一点，这样，也许你会收获更多，让人生留下更多灿烂。就如同那熟悉的诗句"我捧 [pěng] 出一片绿叶，却收获整个春天。"

　　"经路窄处，留一步与人行"也是为自己留下方便之路。

做一个友善的人

王玉初

友善，意指朋友之间亲近和睦。人的社会属性，注定了每个人都处在与他人、集体和社会的关系中。个人不但要处理自己复杂的情绪，还要处理各种关系，要与他人交往。以何种心境，何种形式与人交往也许不能影响一个人的人生长度，但可以影响到他的人生宽度。

做一个友善的人，就需懂得微笑。不要总以一张冷冰冰的脸示人，拒人以千里之外。微笑是最好的交流语言，友善的人懂得微笑，对他人微笑，也对自己微笑。

做一个友善的人，就当保持一份冷静。不要遇到纠纷，就动辄 [zhé] 睚眦 [yá zì] 必报或者拳脚相向，而要学会深呼吸，给自己留几秒钟冷静自己的情绪，理性地分析，该坚持的坚持，该宽容的宽容，该道歉的道歉，该担责的主动担责。

做一个友善的人，要懂得给予 [jǐ yǔ]。送人玫瑰，手留余香。懂得给予，而不只会索取回报，会让那份友善温暖他人，也温暖自己。

做一个友善的人，要修身养性，让自己心中时刻保有一份善念，知足且懂得感恩。做个友善的人，要有自己的立场，让爱国、爱人、爱己成为人生的信仰。

做一个友善的人，不论贫穷或富贵，不论权重或位卑 [bēi]，不论学识高深或学问疏 [shū] 浅，不论是孩子还是老人，每个人都可以，也应该做到。

让善良与生命同在

善良与正直、爱心、悲悯 [mǐn] 为伍，与邪恶、阴毒、冷漠为敌。柔软时的善良，能够融化冷敖 [áo] 的山川；坚硬时的善良，能够穿透任何坚固的顽石。

善良是一种智慧，善良是一种远见。因为善良，你会得到灵魂的回馈 [kuì]；善良是一种胸怀，因为善良，你会包容周围的一切；善良是一种自信，因为善良，你会让自己永久秀丽；善良是一种文化，因为善良，你会让自己变得深邃 [suì]；善良是一种精神，因为善良，你亮出了做人的品味！

善良是人生的雨露甘霖 [lín]。善良是洞穿黑暗的阳光，是心与心的亲和与信赖，是爱与爱的共振和交融。善良让世界充满仁爱，让岁月溢 [yì]满温馨。善良，有时，它是风雨中为你悄 [qiǎo] 然撑 [chēng] 开的一把伞；有时，是黑暗中为你倏 [shū] 然点亮的一盏 [zhǎn] 灯。更多的时候，她是危难时毫不犹豫 [yóu yù] 的向你伸出的一双帮扶的手，是你在走投无路时，向你坦 [tǎn] 然敞 [chǎng] 开的收容的门。

有一种秀丽，是我们看不见的，摸不着的，它需要用心来感受，这种秀丽就是善良。

善良是把自己的能量无私地奉献给大地，滋润万物生长；善良是初夏的雨，灌溉 [guàn gài] 人们的心田，让期望的苗圃 [pǔ] 里绿意盎 [àng] 然；善良是秋季的风，无私地带着老去的树叶回到自己的故乡；善良是冬季的雪被，执著地守望着麦苗，用自己的躯体保护着他们不被寒风的侵蚀 [shí]。

在富有爱心的人的眼中，善良是人性中的至纯至美，一切伪善、冷酷、麻木在它面前都

会退避三舍，任何顽固的丑恶都只能在阴暗角落里对善良咬牙切齿。善良，它是酷热中一股清凉的风，它是严寒里一团温暖的火，它是青黄不接别人悄然送来的一担粮食，它是久旱不雨从天而降的甘霖，它是你负重上坡时后背的推手，它是你快坠 [zhuì] 落悬崖时伸过来的一条缆 [lǎn] 绳，它是你穷困潦 [liáo] 倒时没有署名的一张汇款单，它是你富甲一方时的一句忠告，它是你失意时几句真诚的安慰，它是你得意时一串逆 [nì] 耳的话语……甚

至，它只是一个真诚的淡淡的微笑。我心中的善良，就像雪山脚下涓 [juān] 涓的细流，每一滴都是圣洁纯净的雪水的聚合体。汇集成溪的善良之水，一路欢歌，荡涤 [dí] 着沿途的污浊 [wū zhuó]、腐朽、风尘，理直气壮地汇入人生的江河大海。

善良是友谊的桥梁。善良的人都有一颗理解别人的心，能让人透过平等的沟通打开彼此误会的心灵，接近彼此的心的距离，消除了隔阂 [hé]，扫除了障碍 [zhàng ài]，增进了感情。善良才有幸福，善良才能和平愉快地彼此相处，善良才能摆脱没完没了的恶斗和自我消耗，善良才能实现健康的起码是正常的局面，善良才能天下太平。

善良也是一种精神力量，是一种精神的平安，是一种快乐，是一种乐观。是一种从容的理解，善良使人的心灵仁爱，使人的视野宽广。善良会教给人奉献、理解、宽容、纯洁。懂得善良的人是高贵而成熟的，能够永久持续好情绪。

善良决不是一件可有可无的华丽的衣裳 [shang]，而是人人灵魂之盒中务必镶嵌 [xiāng qiàn] 的一颗钻石，在每个时刻都能够熠熠 [yì] 生光。雨果说得好："善良是历史中稀有的珍

珠，善良的人几乎优于伟大的人。"美国作家马克·吐温称善良是一种世界通用的语言，它能够使盲人"看到"、使聋子"听到"。善良的心，像真金一样闪光，像甘露一样纯洁、晶莹。善良的心胸是博大的、宽宏的，能包容宇宙万物，造物于人类苍生。行善而不求回报的人经常能够得到意料之外的回馈 [kuì]，这是因果回圈的自然规律。善良的人经常造福于他人，实质上也是造福于自己。"帮忙别人，就是帮忙自己。"这句话绝不只是简单的因果报应，而是做人的根本。

人性中蕴藏 [yùn cáng] 着一种最柔软、但同时又是最有力量的情愫 [sù]——善良。清澈 [chè] 的水来自雪山之巅 [diān]，人的善良来自干净的心底。

让善良与生命同在，生命中有了善良，人生才能经常充满喜悦；生命中有了善良，人生才能幸福常在；生命中有了善良，灵魂才能不断地升华。善良是生命中的黄金，善良是人性中最为宝贵的生命之光！

※读后寄语

生活中，许多人明知彼此都需要友善的温暖、感情的温馨 [xīn]，却又常常用无端的猜疑 [cāi yí] 将满腔的好感冰封在坚硬的假面具背后。其实，只要你能真正付出你的爱，那么必定会赢得共鸣，使你从中感受到温馨，并拥有意想不到的收获。

世界上最强大的不是坚船利炮，而是一颗友善的心，因为它能真正使人体会到尊重和温暖。心灵高贵的人能对他人萌生怜悯 [mǐn] 和同情，因为友善会使对方的敌意渐渐消释，没有人会拒绝友善所带来的温暖。所以，当你试图打开对方的心扉 [fēi] 时，友善是最快、最有效的方式。

第八篇

理 想 篇

※前言导语

谈理想

理想，是对未来事物的美好想象和希望，也比喻对某事物臻 [zhēn] 于最完善境界的观念，是人们在实践过程中形成的、有实现可能性的、对未来社会和自身发展的向往和追求，是人们的世界观、人生观和价值观在奋斗目标上的集中体现。满足眼前的物质和精神需求，又憧憬 [chōng jǐng] 未来的生活目标，期盼满足更高的物质和精神需求。对未来不懈 [xiè] 追求，是理想形成的动力和源泉。

理想，分短期和长期的。短期的一般指在近期要完成的目标。长期的一般称远大理想，奋斗时间长，甚至不止一代。

理想是指符合理性思考的目标之想象，也是对自己理性对待目标的想法。理想是人生的奋斗目标，是人们对未来的一种有可能实现的想象。理想是一种对未来的想象，但是，并不是任何想象都是理想。

※名言警句

1. 你们的理想和热情，是你航行的灵魂的舵 [duò] 和帆。　　　　——罗曼·罗兰

2. 要成大事，就要既有理想，又讲实际，不能走极端。　　　　——罗斯福

3. 生活的理想，就是为了理想的生活。　　　　——张闻天

4. 一个崇 [chóng] 高的目标，只要不渝 [yú] 的追求，就会成为壮举。　——华兹 [zī] 华斯

伟大的理想唯有经过忘我的斗争和牺牲才能实现。　　　　——乔万尼奥里

6. 理想是需要的，是我们前进的方向。现实有理想的指导才有前途。反过来，也必须从现实的努力奋斗中才能实现理想。　　　　——周恩来

7. 世间有理想的人应当先想到事情的终局，随后着 [zhuó] 手去做。　　　　——伊索

8. 人类唯有在实现自我完美理想的过程中，才能前进。　　　　——季米里亚捷 [jié] 夫

9. 不要因一次的失败，就放弃你原来决心想表达到的目的。　　　　——莎士比亚

10. 人生重要的事情，就是确定一个伟大的目标，并决心实现它。　　　　——歌德

11. 生活中没有理想的人，是可怜的人。　　　　——屠格涅 [niè] 夫

12. 世界上最快乐的事，莫过于为理想而奋斗。　　　　——苏格拉底

13. 理想并不能够被现实征服，希望的火花在黑暗的天空闪耀。　　　　——巴金

14. 台阶是一层一层筑起的，目前的现实是未来理想的基础。　　　　——徐特立

15. 一个人若是没有确定航行的目标，任何风向对他都不是顺风。　　　　——蒙田

16. 理想的人生不仅要在物质需要的满足上，还要在精神兴趣的满足上得到表现。

　　　　——黑格尔

17. 一个人的活动，如果不是被高尚的思想所鼓舞，那它是无益的、渺小的。

　　　　——车尔尼雪夫斯基

18. 毫无理想而又优柔寡 [guǎ] 断是一种可悲的心理。　　　　——培根

19. 正因为有了理想，生活才变得这样甜蜜；正因为有了理想，生活才显得如此宝贵。因为，并不是任何理想都能如愿以偿！我将带着对生活的热爱，对生活的憧憬一直走下去，永远走下去。　　　　——艾特玛托夫

20. 一个精神生活很充实的人，一定是一个很有理想的人，一定是一个很高尚的人，一定是一个只做物质的主人而不做物质的奴隶的人。　　　　——陶铸 [zhù]

21. 在当前现实的狭隘 [ài] 基础上，有高尚理想，全面的计划；在一步一步行动上，想到远大前途，脚踏实地地稳步前进，才能有所成就。　　　　——徐特立

22. 思想是根基，理想是嫩绿的芽胚 [pēi]，在这上面生长出人类的思想、活动、行为、热情、激情的大树。　　　　——苏霍 [huò] 姆 [mǔ] 林斯基

23. 理想对我来说，具有一种非凡的魅力。我的理想总是充满着生活和泥土气息。我从来都不去空想那些不可能实现的事情。　　　　——奥斯特洛夫斯基

24. 人类的精神与动物的本能区别在于，我们在繁衍 [yǎn] 后代的同时，在下一代身上留下自己的美、理想和对于崇高而美好的事物的信念。　　　　———苏霍姆林斯基

25. 理想如晨星，——我们永不能触到，但我们可像航海者一样，借星光的位置而航行。

——史立兹 [zī]

26. 我们的斗争和劳动，就是为了不断地把先进的理想变为现实。　　　　——周扬

27. 人生最可怕最可悲的事情不是丢掉理想，而是看着理想变为笑谈。　　——陈彤 [tóng]

28. 理想是指路明灯。没有理想，就没有坚定的方向；而没有方向，就没有生活。

——列夫·托尔斯泰

29. 理想的实现只靠干，不靠空谈。　　　　　　　　　——德谟 [mó] 克利特

30. 有理想的人，生活总是火热的。　　　　　　　　　　　　——斯大林

※诗词荟粹

行路难
【唐】李白

金樽 [zūn] 清酒斗十千，
玉盘珍羞直万钱。
停杯投箸 [zhù] 不能食，
拔剑四顾心茫然。
欲渡黄河冰塞 [sè] 川，
将登太行雪满山。
闲来垂钓碧溪上，
忽复乘舟梦日边。
行路难！行路难！
多歧 [qí] 路，今安在？
长风破浪会有时，
直挂云帆济沧海。

【赏析】

　　这首诗通过层层迭迭的感情起伏变化，既充分显示了黑暗污浊的政治现实对诗人的宏大理想抱负的阻遏 [è]，反映了由此而引起的诗人内心的强烈苦闷、愤郁和不平，同时又突出表现了诗人的倔 [jué] 强、自信和他对理想的执着追求，展示了诗人力图从苦闷中挣脱出来的强大精神力量。

龟虽寿

【三国】曹操

神龟虽寿，
犹有竟时。
螣 [téng] 蛇乘雾，
终为土灰。
老骥 [jì] 伏枥 [lì]，
志在千里；
烈士暮年，
壮心不已。
盈缩之期，
不但在天；
养怡之福，
可得永年。
幸甚至哉，
歌以咏志。

【赏析】

年老的千里马躺在马棚里，它的雄心壮志仍然是能够驰骋 [chéng] 千里。有远大抱负的人士到了晚年，奋发思进的雄心不会止息。世间万物都不是永恒存在的，新陈代谢是大自然的根本规律。这就等于告诉人们说，人虽寿夭有别，但最终都是要死的，既然人总是要死的，那么是不是可以对人生采取消极悲观的态度呢？诗人认为这是不可以的。承认生命有限正是为了充分利用这有限的生命，建功树业，有所作为。

理　想

流沙河

理想是石，敲出星星之火；
理想是火，点燃熄灭的灯；
理想是灯，照亮夜行的路；
理想是路，引你走到黎明。

饥寒的年代里，理想是温饱；
温饱的年代里，理想是文明。
离乱的年代里，理想是安定；
安定的年代里，理想是繁荣。

理想如珍珠，一颗缀 [zhuì] 连着一颗，
贯古今，串未来，莹莹 [yíng] 光无尽。
美丽的珍珠链，历史的脊 [jǐ] 梁骨，
古照今，今照来，先辈照子孙。

理想是罗盘，给船舶 [bó] 导引方向；
理想是船舶，载 [zài] 着你出海远行。
但理想有时候又是海天相吻的弧 [hú] 线，
可望不可及，折磨着你那进取的心。

理想使你微笑地观察着生活；
理想使你倔强 [jué jiàng] 地反抗着命运。
理想使你忘记鬓 [bìn] 发早白；
理想使你头白仍然天真。

理想是闹钟，敲碎你的黄金梦；
理想是肥皂，洗濯 [zhuó] 你的自私心。
理想既是一种获得，
理想又是一种牺牲。

理想如果给你带来荣誉，
那只不过是它的副产品，
而更多的是带来被误解的寂寥 [jì liáo]，
寂寥里的欢笑，欢笑里的酸辛。

理想使忠厚者常遭不幸；

理想使不幸者绝处逢生。
平凡的人因有理想而伟大；
有理想者就是一个"大写的人"。

世界上总有人抛弃了理想，
理想却从来不抛弃任何人。
给罪人新生，理想是还魂的仙草；
唤浪子回头，理想是慈爱的母亲。

理想被玷 [diàn] 污了，不必怨恨，
那是妖魔在考验你的坚贞；
理想被扒窃 [pá qiè] 了，不必哭泣，
快去找回来，以后要当心！

英雄失去理想，蜕 [tuì] 作庸 [yōng] 人，
可厌地夸耀着当年的功勋 [xūn]；
庸人失去理想，碌碌 [lù] 终生，
可笑地诅咒 [zǔ zhòu] 着眼前的环境.

理想开花，桃李要结甜果；
理想抽芽，榆 [yú] 杨会有浓阴。
请乘理想之马，挥鞭 [biān] 从此起程，
路上春色正好，天上太阳正晴。

放飞梦想

放飞梦想，坚持到底
无论道路多么漫长
放飞梦想，澎湃 [péng pài] 激昂

相信自己可以实现理想
放飞梦想，荡气回肠
坚定信念定能成就辉煌

我要告诉全世界
给自己一个希望
希望就会变成无穷无尽的力量

我要告诉全世界
就算暴风骤 [zhòu] 雨
也阻挡不了我奋飞的翅膀

我要告诉全世界
只要坚持不懈 [xiè]
就算我痛、我苦
但我绝不认输

假如生活欺骗了你

普希金

假如生活欺骗了你，
不要悲伤，
不要心急！
忧郁的日子里需要镇静；

相信吧，
快乐的日子将会来临。
心儿永远向往着未来；
现在却常是忧郁。

一切都是瞬 [shùn] 息，
一切都将会过去；
而那过去了的，
就会成为亲切的怀恋。

梦想在远方

蓝天有多高
河水有多长
我曾静静地想
也曾深深地向往

花谢花又开
云散云又来
只感叹时间
走得太快

远方啊
你那博大的胸怀
是否在等着我轻轻的来

千里之外
我不会嫌远
只是路途坎坷 [kǎn kě]
我总是摔

不要着急啊
请耐心等待
等到桃花朵朵开
我会给你个意外

人生无涯

一本深奥 [aò] 的书
沉思着的文字
须慢慢体会精华

一首绝妙的曲
起伏的旋律
拨动你的每一刹 [chà] 那

一块贫瘠 [jí] 的土
辛勤的双手
希望才会发芽

是问号的未知
或许让我们慌乱
是问号的未知
才有挑战和惊讶

无论身在何地
请朝着你心里的方向
寻找贯空的长霞

目标是双翅
奋斗是力量
失去你们
我拿什么
去遨 [áo] 游天下

朝着远方
勇往直前
荒漠中的行者

执着 [zhuó] 的信念
刀锋上的舞者
鲜血的浇灌 [jiāo guàn]
人生
无涯

理想与现实

爱是理想的灵魂
行动是现实派来的使者
理性是行动的罗盘
而我犹如一只船

理想犹如水
爱的水是春江潮水
恶的水是夏水凌汛 [líng xùn]
春江潮水载走船儿

夏水凌汛覆 [fù] 落舟身
行动化作两岸的桥梁
连接理想与现实的两岸

行动犹如火车头的后尾
理性犹如火车的方向盘
理性牵引着行动
行动化作月老的线
串联理想与现实
使理想最终成为现实

信念的力量

是谁每天把我从梦幻中推醒
牵引着我站在山顶
面对七彩的朝 [zhāo] 阳
放声歌唱

是谁每天把我从无知中唤起
领略书海的芬芳
寻求点点希望之光
一次次把睿 [ruì] 智
潜心收藏

是谁在阴翳 [yì] 蔽 [bì] 日的日子里
一如苍茫大海上的灯塔
指引我穿越迷雾
教会我识别星光

是谁无数次
把教诲 [huì] 安放在我的胸膛 [táng]
一遍遍告诉我
消极沉沦 [lún] 的前提
就是丧失梦想
就是放弃希望

黑夜中
一个声音在耳畔 [pàn] 回荡
去坚定的把梦想放飞
去把心中的希望插上翅膀
用有限的生命在沧浪之上搏击
用无悔的坚贞在九霄 [xiāo] 之上翱 [áo] 翔
既然信念的力量已在心底悄 [qiǎo] 然滋长
就勇敢的拨开云雾
——迎接辉煌灿烂的阳光

梦想·现实

佚 [yì] 名

我们有两个世界
一个是梦想
另一个是现实

梦想的翅膀总是轻盈的
有无穷尽的幸福与满足
我们可以驾驭 [yù] 轻快的翅膀
任天空遨 [áo] 游，任自我高唱
现实的脚步总是残忍的
有无休止的痛苦与烦恼

我们只能放慢沉重的脚步
任大地践踏 [jiàn tà]，任自我低吟 [yín]
人们在梦想与现实中徘徊 [pái huái]
不知是梦想创造现实
还是现实摧残 [cuī cán] 梦想

那年冬天　我迈开了脚步
虽然不知会僵 [jiāng] 硬在何方
但还是迈出了第一步
别无他求
只想找到一点温暖
来融 [róng] 化冰凉的心

今年冬天　我寻找足迹
虽然身后有一串串深深的脚印
却不知哪是我的
没有目的
只想知道哪是我前进的路
来延续我的脚步

明天应该是灿烂的
我肯定
昨天和今天我都在抗击风雨
风雨之后应该是彩虹

明天应该是辉煌的
我坚信
昨天和今天我都在赶路
赶在日出时分是最美的
明天应该是我的出现
我保证
昨天和今天我们就有所准备
准备我们人生中的每一刻

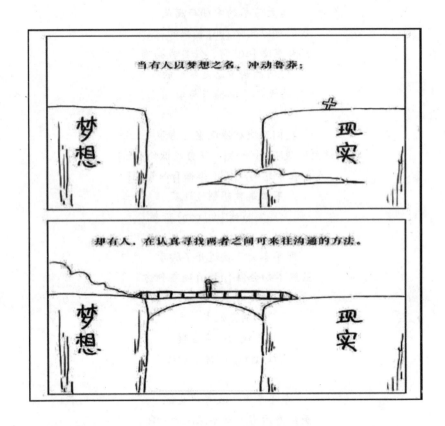

※妙文佳篇

梦想的丝绸

　　我爱波涛汹涌的大海；也爱一碧万顷 [qǐng] 的大草原；但我更爱那幽静的星空，因为它是绣满梦想的丝绸 [chóu]。记得小时候，我时常一个人坐在草地上，在夜里眺 [tiào] 望远空的星星。那闪亮的星星衬托着暗淡的天空，宛 [wǎn] 如一件绣满珍珠的丝绸，我总想把它扯 [chě] 下来，披在我的身上，飞上星空，那有多好呀！繁星点点，众星撷 [xié] 月。繁星成群结队，星光闪闪，似乎黑暗中的火把，光芒四射，照亮了黑暗。但又如一闪一闪的大眼睛，好似在对我笑。每当这时候，我总是痴 [chī] 痴的望着，仿佛置身于诗情画意之中。我总是幻想着，如果有一天，我飘上天空，我要与小星星一起玩耍，带着它们一齐游览人间。

　　但后来朋友对我说："一颗星星代表一个人的一个愿望。你看，月亮姐姐旁边的那颗星，就是我许下的一个心愿，一个梦想。"从此，我总在星空下许下心愿，希望它能实现。当我看到满天繁星时，我会高兴得手舞足蹈，因为我许下的愿望也高高的挂在天空中了。可当天空中只有几颗孤星时，我会以为我的愿望被"天狗"吃掉了。但我还是时常望着星空，把它称为梦想的丝绸，希望有朝一日，能实现我的心愿。

　　北斗星移，冬去春来，尽管我随着时间的追逐渐渐长大，但我仍日日在夜里眺望梦想的星空。但不久我才知道：我的愿望真切的挂在了天空中，成为群星中的一员。但不去追求与实现，那星星永远只是暗淡的，发不出耀眼的星光。

　　从今以后，我开始追求我的梦想，让天空中的星星把夜空点缀 [zhuì] 得美丽动人。每次星星发出了闪亮的光芒时，我会兴奋得一跳三尺高。因为我成功了。但有的时候……我会很失望。但我不能气馁 [něi]，我要更加努力地去追求。

　　又是个宁静的夏夜，天空中繁星点点，我再次坐在那草地上，望着星空，许下了一个心愿……

　　每一颗星星代表每一个梦想，我愿把梦想挂上遥远的星空，让它永远闪耀着光芒。但我更愿意披上梦想的丝绸，去寻找成功。

追求理想

理想是生命的顶端，执着 [zhuó] 追求理想即是为生命创造永不褪 [tuì] 去的痕迹。光阴的沙漏 [lòu] 漏走了我们的青春年华，带走了我们的美好光阴，只有记忆的醇 [chún] 香让我们记得在时间的背后那抹执着追求理想的痕迹。

追求理想，点缀 [zhuì] 人生。这是一条漫漫长路，这是一条充满寂寞，充满荆棘 [jīn jí] 的路。因为选择了远方，就必须选择荒芜 [huāng wú]，纵观历史的沟渠 [qú]。那些瞬间闪现在我们脑海里的生命英雄，他们拥有着钢铁般的顽强意志，有着悲天悯 [mǐn] 人的情怀，能够齐家治国平天下，最终他们可以功成名就，成帝王之伟业，成古今之圣贤志士，他们载入了历史的史册，他们流传千古，定格为一段段的不朽 [xiǔ] 传奇。"举世皆浊 [zhuó] 我独清，众人皆醉我独醒"。王昭 [zhāo] 君在夕阳的余晖里，怀抱琵琶 [pí pá]，心怀愁绪，却毅然踏上了那条漫长而曲折的古道，让所有的青春在风沙中度过，让所有的年华在琵琶声中逝去，为的就是能够让民族能够团结，百姓安居乐业。这种信念让她所有的泪光在天生的明月中定格，让自己的一生在塞北完结。为什么？因为那是荒芜赋予 [fù yǔ] 了她无穷的力量，赋予了她生命的意义，在痛苦中开辟自己的道路是人生的意义。碌碌 [lù] 无为的人，就不能说上帝遗忘了你。为了毕生的理想而执著奋发，这才是真正的永恒。

愿为双鸿鹄 [hóng hú]，奋翅起高飞。飞翔要靠翅膀，破土要靠脊 [jǐ] 梁，不经礁 [jiāo] 石，难以击起美丽的浪花；不经攀登，难以触及到雄伟的山峰。记得马云曾经说过："今天很残酷，明天更加残酷，后天很美好。但是大多数的人都是死在明天晚上"，凭借着这样一种信念，即便是在国外受冷落，处处碰壁，马云最终还是开拓了自己的一片疆土。创建了阿里巴巴，跻 [jī] 身于商业领袖之林。或许雨水冲刷了曾经美好的回忆，可是有彩虹的天空会印证昨天的美丽。

　　朝朝暮暮 [zhāo mù]，漫漫成功路。看世间轮回似弱水三千，我唯独饮其一瓢 [piáo]。这条路上我们会摔倒，会痛苦，会流泪，会煎熬 [jiān áo]，但是绝对不能有放弃。带着最初的梦想，带着对未来的憧憬 [chōng jǐng] 和向往，心中依然涌起那"自古少年多奇志，敢叫日月换新天"的无畏和执著！路漫漫其修远兮 [xī]，吾将上下而求索。一切如同岁月的樊篱 [fán lí] 挡不住对理想的渴望，对成功的向往。

　　草木一秋，人生几何？岁月匆匆，理想如歌。不要在被动的等待中徘徊 [pái huái]，时不我待。主动与世界接触，挥洒人生，世界将珍藏我们追求理想、享受生命的绝美姿态。多愁伤感的日子不属于这个时代，要迎接雷雨，忘却周围的风雨交加，一路呐 [nà] 喊，寻找青鸟的足迹，仰望繁星，迎接黎明的曙 [shǔ] 光。只有这样才可以让生命响起梦想的舞曲，烙 [lào] 下执着的步伐。

※读后寄语

　　我们一直在前行，尽管我们在大人眼中是孩子，是幼稚 [zhì] 的，但我们从未终止成长，梦想即为我们在青春海洋的帆船，坚持即是鼓动帆的动力。拼搏，即使艰辛，却从未想过放弃，因为我们拥有去实现梦想的资本——青春。我们年轻的灵魂里装着梦更装着思想，不论是孤独行走还是结伴同行，让每一个脚印都坚实而有力量。让我们张开青春的羽翼 [yì]，向着梦想扬帆起航！

附录一

朗读的技巧与注意事项

朗读，是把文字转化为有声语言的一种出声的阅读方式，是朗读者用清晰、响亮的声音，结合各种语言手段来完善地表达作品思想感情的一种语言艺术。

朗读是需要掌握技巧的，一般可以从气息、语言和情感三个方面进行朗读技巧的训练。

一、发音的训练

我们朗读所说的普通话是科学语言体系，它严谨、丰富、优美、悦耳，又有很强的节奏感与自然和谐的音韵美。而人类的发音，没有单独的发音器官，是使用呼吸器官、消化器官来做发音器官的。发音效果如何，与呼吸、声带、共鸣器等有着直接的关系。为此，在发音训练中，着重要进行下列训练：

（一）气息控制

气息是声音的动力来源，充足、稳定的气息是发音的基础。一个人说话是否"中气十足"，除了身体素质的区别外，还有一个气息调节技巧问题，即呼吸和讲话的配合、协调是否恰当的问题。

讲话时的正确呼吸方法，应当采用胸腹式联合呼吸法（也称丹田呼吸法），即运用小腹收缩，使用丹田的力量控制呼吸。在朗读的过程中，要处理好讲话和呼吸的关系，第一，尽可能轻松自如，吸气要迅速，呼气要缓慢、均匀，吸入的气量要适中。第二，尽可能在讲话中的自然停顿处换气，不要等讲完一个长句才大呼大吸，显得讲话很吃力。还要根据自己的气量来决定是否用中途不便停顿的长句，不要为了渲染和增强表达效果而勉为其难地为之。第三，尽可能的使朗读的姿势有利于呼吸。无论是站姿还是坐姿，都要抬头舒肩展背，胸部要稍向前倾，小腹自然内收，双脚并立平放。这样发音的关键部位：胸、腹、喉、舌等才能处于良好的呼吸准备和行进状态之中。呼吸顺畅，方可语流顺畅。

（二）声带训练

声带对发音起很大的作用，声带的振动频率决定了发音的音响、音高、音色。声带的好坏，既有先天因素，也有后天的训练和保护。注意恰当的训练与运用声带、改变声带条件、保护声带，都是提高语音素质的重要方面。

声带运用要科学得当。第一，在长时间发声之前，声带要做准备活动，将声带放松，用均匀的气流轻轻的拂动它，使之发出细小的抖动声，仿佛小孩子撒娇 [sā jiāo] 时喉咙里发出后的那种声音。可以逐渐加大到一定分量，使声带启动，以适应即将到来的长时间运动。第二，在人数较多或场合较大的地方讲话时，发音要轻松自然，适当处理节奏、停顿，特别是起音要高低适度，控制好音量，充分利用共鸣器的共鸣作用，要运用"中气"的助力来说话，不能直着嗓子叫喊，否则，声带负担过重，会导致声带很快不堪重负，变得嘶哑 [sī yǎ]，影响效果。

另外，还需要进行声带保护。为了保护自己的嗓子，要有意识的不抽烟、不喝酒，少吃或不吃有强烈刺激性的食物，不喝过烫或过冷的汤水，这些对声带都有不良影响。

（三）共鸣训练

声带所产生的音量是很小的，只占人们讲话时音量的 5% 左右，其他 95% 左右的音量，需要通过共鸣腔放大得来。共鸣腔是决定音色的重要发音器官，直接引起语音共鸣的是声带上方的喉、咽、口、鼻四腔，此外，胸腔和头腔也有共鸣作用。

要想使说话的声音好听和持久，就要正确的运用共鸣器。而运用共鸣器的关键在于处理好"畅"与"阻"的对立和统一关系。所谓"畅"，就是整个发音的声道必须畅通无阻，胸部舒展自如，喉部放松滑润，脊背自然伸直，以便声音不憋不挤，形成一个声柱流畅地奔涌出来。所谓"阻"，并不是简单的把声音阻挡住，而是不让声音直截了当地通过声道奔涌 [yǒng] 出来，让它通过共鸣器加工、锤 [chuí] 炼、变得洪亮、圆润、雄浑、优美动听。

另外，还有吐字归音训练，对于说准普通话，为正确的朗读做好准备工作也十分必要。

二、语言的技巧

（一）停连

停连是在朗读文章的过程中，做到连中带停，巧妙运用停顿来突出重音、逻辑分段和情感突出等，停顿主要包括文法停顿、语法停顿、逻辑停顿、心理 (情感) 停顿等。

1. 文法停顿

文法停顿主要分为两种，第一种是按照行文的标点符号进行停顿，这是在朗读文章时最明显和最容易判断的停顿。第二种是由文章结构决定的，这种停顿是为了表示文章的层次、段落、部分等所作的停顿。

2. 语法停顿

语法停顿是由句子的语法结构造成的停顿。例如，某些介词前面或后面，像"自从""因为""随着"这样的表示词与词或者词与句之间关系的词，就是介词，在朗读的时候，要稍加停顿。再比如方位词后，"遥远的东方有一条龙"这句话应该在"东方"的后面稍加停顿就

是这个道理。另外，动词之后和某些连词前面或后面也应该有所停顿，比如"和""但是""或者"等，在朗读过程中，特别是在长句中遇到连词，需要停顿换气，使语句更加自然。

3. 逻辑停顿

逻辑停顿一般较短，只相当于顿号所作的停顿。有强调性停顿；并列式停顿；呼应性停顿（有些词具有领属关系，比方说：是、想、要、有、像、如等，其后要停顿）；领词、尾词停顿。

4. 心理停顿

由心理情绪决定的，常有激发诱导的意味。心理停顿运用巧妙，可以达到"此时无声胜有声""虽无言，却有情；虽无声，却意无穷"的效果。比如"你听，有什么东西正在靠近。"这里的"你听"后面可以停顿较长时间，仿佛真的停下动作在认真聆 [líng] 听。

5. 感情停顿

感情停顿是指说话要有节奏，该快的时候快，该慢的时候慢，该起的时候起，这样有起伏有快慢，有轻重，才形成了口语的乐感，悦耳动听，否则话语就不感人、不动人。我们把口语中这种有带规律性的变化，叫节奏，有了这个变化，语言才生动，否则是呆板的。比如在学习《故都的秋》时，有一句"一层秋雨一层凉"，要读出唱和的味道，"一层凉"可以一字一顿。

另外，需要注意的是，朗诵中的停顿遵循一个原则，即章节停顿＞段落停顿＞句群停顿＞句子停顿。

（二）重音

重音是指那些在表情达意上起重要作用的字、词或短语在朗读时要加以强调，即通过在朗读时将这类词和语句中读得比较重、扩大音域或延长声音，来突出文章的重点或表达自己的感情。

一般来说，重音分为语法重音和逻辑重音（也叫强调重音）。

1. 语法重音

语法重音是按语言习惯自然重读的音节。在不表示什么特殊的思想和感情的情况下，根据语法结构的特点，把句子的某些部分重读的，叫语法重音。语法重音较容易找到，在一句话的范围内，根据语法结构的特点就可以确定。

2. 逻辑重音

有些句子或由于构造复杂，或由于表意曲折，或由于感情特殊，它的重音往往不能一下子确定，必须联系上下文，对它细加观察，进行认真推敲，尤其要把它放到特定的语言环境中加以考察，才能确定其重音，通常把这类重音叫做逻辑重音（也叫强调重音）。逻辑重音是突出语意区别的重音，这类重音意在显示语意中的某些差异，这些差异往往是句意的重心所在，必须加以强调。例如"我把妈妈的花瓶打碎了"这句话，重音分别落在"我"、"妈妈"、"花瓶"三个不同地方时，所强调的重点完全不一样：

"我把妈妈的花瓶打碎了"，"我"重读时，强调是"我"而不是别人打碎了妈妈的花瓶。

"我把妈妈的花瓶打碎了"，重读"妈妈"时，强调我打碎了妈妈的而不是别人的花瓶。

"我把妈妈的花瓶打碎了"，当重读"花瓶"时，则强调我打碎了妈妈的花瓶而不是打碎了碗碟或其他东西。

这句话甚至还可以重读"打碎了"，来强调花瓶碎了而不是被卖了或送人了等，所以，在朗读文本时，重读哪些字词，取决于上下文的逻辑和作者的情感。

三、情感的把握

朗读是以情带声，以声传情的艺术，要想成功的朗读作品，需要正确的把握作品情感。要把握好文章作品的情感基调，深入分析、理解作品的思想内容，力求从作品的体裁、作品的主题、作品的结构、作品的语言，以及综合各种要素而形成的风格等方面入手，进行认真、充分和有效的解析，在此基础上，朗读者才能产生出真实的感情，鲜明的态度，产生出内在的、急于要表达的律动。

总之，朗读是现代文化生活中不可少的一项功夫，也是一门既古老而又年轻的语言艺术。说它古老，是因为从有文字记载起朗读就已经存在；说它年轻，是因为我们今天仍然需要借助它来传递信息；说它是一门艺术，是因为好的朗读无不是心与心的真切交流，是情感与情感的无限沟通，是历史与现实的交接碰撞，是精神对精神的真诚赠予。

附录二

社会主义核心价值观

社会主义核心价值观是社会主义核心价值体系的内核，体现社会主义核心价值体系的根本性质和基本特征，反映社会主义核心价值体系的丰富内涵 [hán] 和实践要求，是社会主义核心价值体系的高度凝 [níng] 练和集中表达。

2017 年 10 月 18 日，习近平同志在十九大报告中指出，要培育和践行社会主义核心价值观。要以培养担当民族复兴大任的时代新人为着眼点，强化教育引导、实践养成、制度保障，发挥社会主义核心价值观对国民教育、精神文明创建、精神文化产品创作生产传播的引领作用，把社会主义核心价值观融 [róng] 入社会发展各方面，转化为人们的情感认同和行为习惯。

富强、民主、文明、和谐，自由、平等、公正、法治，爱国、敬业、诚信、友善，这 24 个字是社会主义核心价值观的基本内容。

一、国家层面的价值取向：富强、民主、文明、和谐

神州百年，沧 [cāng] 海横流。近代已降，中华民族历经屈辱，而又涅槃 [niè pán] 重生。今天的中国，比历史上任何时期都更接近中华民族伟大复兴的目标。魏征在《谏 [jiàn] 太宗十思疏 [shū]》中说："求木之长者，必固其根本；欲流之远者，必浚 [jùn] 其源泉；思国之安者，必积其德义。"当代中国，将亿万中国人凝聚在一起的"根本"、推动我们不断前行的动力"源泉"是什么？那就是实现国家富强、民族振兴、人民幸福的中国梦。正因如此，我们才将"富强、民主、文明、和谐"作为国家层面的社会主义价值目标，并将之置于"社会主义核心价值观"的首要层面。简单地讲，"富强、民主、文明、和谐"的价值目标就是要使我们国家在经济建设上越来越富强，政治建设上越来越民主，文化建设上越来越文明，社会建设上越来越和谐。这一核心价值观集中体现了当代中国人民努力实现中华民族伟大复兴的共同愿景，是一个鼓舞士气、凝聚共识、激发活力的价值目标。

富强即国富民强，是社会主义现代化国家经济建设的应然状态，是中华民族梦寐 [mèi] 以求的美好夙 [sù] 愿，也是国家繁荣昌盛、人民幸福安康的物质基础。

民主是人类社会的美好诉 [sù] 求。我们追求的民主是人民民主，其实质和核心是人民当

家作主。它是社会主义的生命，也是创造人民美好幸福生活的政治保障。

文明是社会进步的重要标志，也是社会主义现代化国家的重要特征。它是社会主义现代化国家文化建设的应有状态，是对面向现代化、面向世界、面向未来的，民族的科学的大众的社会主义文化的概括，是实现中华民族伟大复兴的重要支撑 [chēng]。

和谐是中国传统文化的基本理念，集中体现了学有所教、劳有所得、病有所医、老有所养、住有所居的生动局面。它是社会主义现代化国家在社会建设领域的价值诉求，是经济社会和谐稳定、持续健康发展的重要保证。

二、社会层面的价值取向：自由、平等、公正、法治

"自由、平等、公正、法治"是社会主义核心价值观在社会层面上的价值取向，是立足社会集体层面对社会主义核心价值体系的高度凝练。既契 [qì] 合了中国特色社会主义的发展要求，又承接了中华优秀传统文化和人类文明优秀成果。促进和实现社会的自由、平等、公正、法治，有助于完善社会主义市场经济体制，激发社会活力；有助于培育现代公民社会，推进社会主义政治文明建设；有助于促进社会公平正义，使发展成果更多更公平惠及全体人民，对于建设富强民主文明和谐的社会主义现代化国家、实现中华民族伟大复兴的中国梦有重要而深远的意义。

自由是指人的意志自由、存在和发展的自由，是人类社会的美好向往，也是马克思主义追求的社会价值目标。

平等指的是公民在法律面前的一律平等，其价值取向是不断实现实质平等。它要求尊重和保障人权，人人依法享有平等参与、平等发展的权利。

公正即社会公平和正义，它以人的解放、人的自由平等权利的获得为前提，是国家、社会应然的根本价值理念。

法治是治国理政的基本方式，依法治国是社会主义民主政治的基本要求。它通过法制建设来维护和保障公民的根本利益，是实现自由平等、公平正义的制度保证。

三、公民层面的价值准则：爱国、敬业、诚信、友善

缺少了全体社会成员的共同努力，健康社会风尚的形成就无从谈起；没有个体公民道德素质的提升，社会风气的净化便是空中楼阁 [gé]；不改善普通中国人的情操修养，全民族精神气质的升华也会遥遥无期。共性需要表现为个性，普遍需要具体到个别，社会主义核心价值观不能缺失公民层面的价值准则。国家富强、民族振兴、人民幸福的中国梦，向每一个中国公民都提出了爱国、敬业、诚信、友善的道德要求。它覆盖社会道德生活的各个领域，是公民必须恪 [kè] 守的基本道德准则，也是评价公民道德行为选择的基本价值标准。

爱国是基于个人对自己祖国依赖关系的深厚情感，也是调节个人与祖国关系的行为准则。它同社会主义紧密结合在一起，要求人们以振兴中华为己任，促进民族团结、维护祖国统一、自觉报效祖国。

小手牵小手，
困难面前精神抖。
相帮相扶助，
团结一心向前走。

敬业是对公民职业行为准则的价值评价，要求公民忠于职守，克己奉公，服务人民，服务社会，充分体现了社会主义职业精神。

诚信即诚实守信，是人类社会千百年传承下来的道德传统，也是社会主义道德建设的重点内容，它强调诚实劳动、信守承诺、诚恳待人。

友善强调公民之间应互相尊重、互相关心、互相帮助，和睦友好，努力形成社会主义的新型人际关系。